残念な教員

学校教育の失敗学

林純次

JN230091

光文社新書

目次

まえがき

ジャーナリストとして全国各地の犯罪事件を取材していた頃、不思議なことがあった。新聞各紙、テレビ各局の記者十数名が事件現場にいる中、私だけ〝夜間最も暇な〟人種に取り囲まれるのだ。〝夜間最も暇な〟人種と言えば、ヤンキー少年に他ならない。彼らはよく仕事を手伝ってくれた。

「今から（被害者の写っている）卒業アルバム取ってきてやるよ！」そう言って、原付きバイクで駆け回ってくれた子、被害者と加害者との関係を詳しく解説してくれた子、加害者宅まで道案内してくれた子――。

ひとしきり事件に関する話をした後、ときに彼らは自分語りを始める。「家には帰りたくないんだ」とか「センコウうぜえんだよ」といった内容だ。

「そういう話を聞いてくれるような、信頼できる大人はいないのかい？」と聞くと、「いねえよ」と諦めたような笑顔を見せる。単に利害関係がなく、初対面だから話しやすかっただけかもしれないが、当時20代半ばの若造には、〝もし自分が教師になったら、彼らのような若者の役に立てるかもしれない〟と思わせるに十分な経験となった。

＊

元々自分が典型的な教員嫌い《センコウ》の人間であった上に、このような経験が教育者としての出発点となったものだから、私の教員生活はどこか傲慢さを孕《はら》んでいた。ほどなくして、この傲慢さが綻《ほころ》びを生む。

「何喋《しゃべ》ってるか、わかんないよ！」

国語の授業中、小学校2年生の女子児童に言われた。

私は焦った。いつもニコニコしていて、休み時間には元気にグラウンドを走り回っている彼女が初めて見せる冷たい表情が、胸に突き刺さる。どうにかリカバリーしようと、同じ箇所を何度も説明する。彼女の表情は変わらない。〝先生が懸命に説明しているからノートを書いてあげるわ〟と言わんばかりの態度で、静かに板書《ばんしょ》を写している。

逃げ出したかった。リセットボタンがあるなら、すぐに押して最初からやり直したかった。今思い出しても冷や汗が出る。あの後数十分をどのようにやり過ごしたのか記憶にない。

この女子児童の指摘は、私という教師を作り上げる契機となった。

これ以降、私は徹底した授業準備、授業技術の習得に邁進《まいしん》し始めた。

小学生は正直にダメ出しをしてくれるが、中学・高校生は教員に内申書を握られている上、教員に対して異議を申し立てるほど学校の授業に期待をしてもいない。だから、中学・高校の教員は誰からもダメ出しをされず、職業人にあるまじきレベルの授業を展開していることが少なくない。

この状況を、僅《わず》かながらでも改善できないかと考え、本書の執筆を決意した。

＊

本書の構成は以下の通りになっている。

第1章は「教育現場の実状」と題して、教育業界特有の文化や現状を知っていただくことから始めた。教育現場は多くの方の身近にありながら、あまりにも他業界と異なる文化を持っており、この前提から説明しないと本書の内容が理解しづらいのではないかと考えたためである。

第2章以降では、教師として持つべき理念や技術、授業の様々な形態とそこで用いる技術の違いなどを解説した。また、新人・未熟練教員がどういう順番で技術を身に付けていくのが効率的であるかを、授業形態とリンクさせて論じた。

これまで、未熟な教員が本物の教師へと熟達していくルートの提示は行われてこなかった。そこで、この点について論じておく必要性が高いと考えたためである。

最終章では、私自身の失敗経験とともに、未来の教員と生徒に向けてのメッセージを書いた。

本書全体を通して、現在、私が実践し、実際に効果を上げている授業の内容を多く含んでいるので、参考にしていただければ幸いである。

＊

2014年春、教え子よりも我が子の入学式の出席を優先した教員や、授業参観日に〝のど自慢〟に出場した教員が話題となった。いずれも有給休暇の取得を認められていた。

この件をモチーフとして、私の教育者としてのスタンスを明確にしておきたい。

各種報道を読み、いずれの件に関する議論にも肝心な要素が欠けているように思えた。それはプロフェッショナルの教師に求められる「結果」についてである。我が子の入学式に参加しようと、〝のど自慢〟に参加しようと、生徒を国家や学校、保護者や本人の望む方向に成長させられるのであれば、プロ教師の行為として何ら問題はないはずだ。この観点抜きに語られる職業倫理は、永遠に決着を見ることはないだろう。

教員も労働者なので、当然の権利として有給休暇の取得ができる。その申請理由が入学式だろうと〝のど自慢〟だろうと構わない。

ただ、私が指摘したいのは、この権利行使が関係する他者に及ぼす影響まで考えていたのかどうか、という点である。

例えば最大の関係者である高校生の場合、卒業要件は出席日数と教科単位の取得だけである。仮に、欠席可能日数の範囲内で「家庭の事情で欠席します」と言われたら、何も言い返せない。それが文化祭の当日であろうと、卒業式であろうとだ。つまり「あの先生だって自分の都合で休んだじゃないか」というカードを生徒側に一枚、プレゼントしたことになるわけだ。多くの生徒がこう主張し始めたら、学校運営の質や学校行事などの内容は大きく変化するだろう。

また、生徒の保護者が無償で担ってくれているPTA活動も同様である。「PTA活動は〝義務〟ではない」と主張されれば、ルール上、認めざるを得ない。こういう事態になったら、保護者と教員の間の連携は薄くなるだろう。複数の大人の目で子どもたちを見守り、成長に寄与する、あるいは心理的に望ましい援助をする、という効果を低減させるに違いない。繰り返しになるが、こういう状況になっても、当該教員はもちろんのこと、他の教員も生徒の成長という「結果」をしっかり確保できるのならば、部外者があれこれ言うことはない。

もう一点、気になったことがある。

労働基準法第39条には、労働者の申請した有給休暇申請について、使用者側には、有給休暇取得の時季を変更してもらう権利（時季変更権）があると明記されている。この知識を、校長が持っていたか否か、ということだ。

例えば、労働者の担当業務がその申請された日時にあったり、繁忙期であったりするならば、使用者は、別の時季に有給休暇を取得するよう労働者側に言うことができる。

もしこの権利を校長が知っていたのであれば、入学式も授業参観日も、担任が出席するに及ばないと学校側が判断したということになる。しかし、教育業界では、「入学式は生徒の人生の節目だからしっかり行わせるように」とか「授業参観なので恥ずかしくないように」

といった指導が管理職からなされる。となると、大きな矛盾を感じざるを得ない。

逆に、同権利について知らなかったのであれば、管理職教員としては失格と言っていいだろう。労務管理をするからこそプロの管理職である。

だが、労務管理の知識に秀でた管理職の話を、私はほとんど耳にしたことがない。だから、高い確率で「知らなかった」ということもあり得ると思っている。もし、この仮説が正しければ、教育業界のプロとして〝甘い〟と言わざるを得ない。

ここまで述べてきたように、私は、**プロフェッショナルとして生徒の成長という「結果」を重んじるスタンスで教育活動を行っている。**本書を執筆した目的も、プロフェッショナルと呼べる教師が増え、日本中の生徒が大きく成長できることを願ってのことだ。こういう視点で、本書をお読みいただければ幸いである。

＊

なお、私がジャーナリズムの世界から教育界に転身したときの最初の職場は公立小学校（身分は非常勤講師）だったため、本文中には小学校の事例も登場する。が、現在は中高一貫校に国語教諭として勤務し、中等教育への問題意識が強いことから、特に但し書きや解説がない箇所は、中学校か高等学校の事例だとご理解いただきたい。これに呼応する形で、本文中に出てくる「教員」という言葉も、主に中学校教員・高等学校教員を指していることにご留意いただきたい。

第1章　教育現場の実状

残念な教員

まずは、実際に教育現場に存在する〝残念な教員〟について記していこう。

筆者が「残念」と評する理由はただ一点、**「生徒を成長させない」**という意味においてである。道路交通法違反や、児童買春・盗撮行為といった不法行為については、本書の対象としない。彼らが生徒を純粋な意味で成長させないのは明白だが、犯罪行為は別次元の問題であるし、教育界全体から見れば局所的なものでもある。また、教員としての問題と言うよりも、その個人の問題と認識すべきだからである。

逆に言えば、〝残念な教員〟らの言動は法的には処罰できないので、教育界が自ら解決していかなければいけない問題である。そのような質の低い教員はどこの学校にも存在しており、生徒は誰でも、彼らの実践する〝残念な〟教育の被害者になり得る。その実態は、現代的なものから、１９８０年代によく言われた「デモ・シカ教員」と同様のものまで様々である。

以下、私自身が直接見聞きした事案や、学会・研究会で報告された事案に私個人の分析を加えて紹介していきたい。

１－１　鈍感教員

生徒の状態が理解できない

残念な教員の大半は、〝鈍感〟である。

生徒たちが学級内でカースト制度のような差別的人間関係を構築していること、相互に点数を付け合っていること、生徒がキャラを演じ、その結果根深い孤独感に苛《さいな》まれていることなどには全く気付かない。クラス担任をしていて、そのクラス内に典型的ないじめが存在することにも気付けない。これらが〝鈍感〟の例となろう。

私自身、かつては気付けない教員だった。教員は教科書の内容を伝達する仕事だと割り切っていたため、高校で担任をしていたクラスの女子生徒が、居場所を見出《みいだ》せず苦しんでいたことに全く気付けなかったのである。

その女子生徒は、部活動に熱心に取り組んでいた。だが、私の勤務校では文化祭に最大のエネルギーを注ぐことが半ば強要され、その雰囲気は多くの生徒に浸透していた。私が担任をするクラスも例外ではなく、その方向に動いていった。私としては「文化祭は自主活動だからやりたい人間がやればいい」と話してブレーキをかけようとしたのだが、行事に情熱を燃やすタイプの生徒は止まらなかった。また、そういう生徒はクラスのムードメーカーであることも多く、口数が少ないタイプの生徒は自然とその波に呑み込まれていく。

彼女は上手に日程をやりくりし、部活動と文化祭の演《だ》し物であるクラス演劇の練習を両立させていた。無論、学業も。しかし実際のところ、演劇で学内最高賞を狙うクラスの雰囲気に入り込めず、居場所を失っていったという。卒業後に「休み時間は話す相手がいなくて、いつも廊下か別のクラスにいたんですよ」と告白されたとき、私は自分の愚かさに胸を潰されるような思いがした。以降、自分の全能力を用いて、生徒の心理に近づこうと試みるようになった。

今では、「先生には全て見透かされているようで怖い」と言われることもあるが、内心、また同じ失敗を繰り返してしまうのではないかと恐れている。

SNS内の人間関係まで把握すべきか？

では、LINE（ライン：スマートフォン〈以下、スマホと記す〉用のインスタントメッセンジャーアプリ）を用いた仲間外れ行為まで、教員は把握すべきか？

さすがにLINE内の生徒の人間関係まで把握するのは難しい。かつて問題となった学校裏サイトへの書き込み以上に捉え難くなっているためだ。それを教員が理解していないことまで槍玉に挙げるのは酷である。

ここで簡単にLINEを使った仲間外れ行為を説明しておこう。

LINEでは、特定の人だけによるグループを構成できる。その場合、グループの構成メンバーが呟いた言葉だけが時系列で画面に掲示される。このグループには同時にいくつも参加できるので、クラスの大勢が参加するグループと仲良しメンバーだけが参加するグループを、一つのスマホ上に同時に存在させることが可能である。

この仕組みを使い、前者グループでは公的な自分のキャラを演じ「ようこそ」「お疲れ」と話しながら、後者グループでは、より親しい仲間だけと「あいつ、LINEに入ってきたよ！　ウゼエな」などと語り合うことができる。この後者グループ（裏ＬＩＮＥ）に居続けることが、中高生の生命線になっている面があるのだ。

なぜ生命線なのかと言えば、子どもたちが教員や親からの制約を離れ、自由な時間を充実させるためのパートナーが、後者に属する仲間だからである。これはもちろん、単に親しい友人関係にあるから楽しく付き合うというケースがほとんどだが、中には自尊心を満たすメソッドとして使われている側面もある。

裏ＬＩＮＥに属するメンバーと昼食をとったり、トイレに行ったり、休憩時間を過ごしたり、理科室や音楽室への移動をしたりすることで、自分は「仲間を作ることのできる人間である」「リアルの生活を充実させることのできる人間である」と確認でき、自尊心を満たすことができるのだ。だから、そのメンバーから除外されることを極度に恐れる。

この心理を助長するのがＬＩＮＥの「ブロック」という機能である。「ブロック」されると、メッセージのやりとりが一部できなくなり、通話などは全面的に不可能になる。つまり、〝仲間外れ〟行為が「ブロック」という機能によって明示化されるのだ。

さらに人間関係を複雑にするのが、自分の書いたメッセージが読まれたかどうかがわかる「既読」マーク表示である。「既読」にもかかわらず、メッセージに対する返信がないということは自分を軽んじている、と受け止めるティーンエイジャーは少なくない。この「既読無視」は憎しみへと変化していく。

「今の中学生は大変ですよ。スマホを握りしめたまま寝ているって子、少なくないですもん。嫌われるのが怖くて仕方ないんですよね」とは、関西地方で中学の教員を務める20代男性の弁だ。

生徒たち自身、「関係維持のために、全く面白くなくても『爆笑』って書くよねぇ」と言っている。

LINEのグループには、グループ構成メンバーの承認がないと加入できない。したがって、教員が生徒の言動を把握することはかなり難しい。クラスの人間関係に明るく、多くのグループに属していて、なおかつその情報を逐一教員に報告してくれるような生徒と繋がりがなければ、把握することはほとんど不可能に近い。

だから、このレベルまでの感受力を、教員やその他の大人に求めることは非現実的と言わざるを得ない。また、生徒もそこまでの能力を教員側に求めてはいない。

人間の皮をかぶったモンスター

私の言う教員の鈍感さは、もっと基本的な領域で露《あら》わになる。

こんな事例があった。

長期欠席や保健室登校を繰り返している女子高校生がいた。その期間は数カ月に及んでいた。ある日、その生徒は勇気を振り絞り、教室で授業を受けることができた。数学の授業だったが、それまでの蓄積がないため、基礎問題すら解答できなかった。

彼女が欠席していたことは、出席簿にも記されているはずだし、教員自身の記憶にもあって当然だが、机間《きかん》指導（教員が机の間を歩いて回る指導方法のこと）中、その生徒が解答できていないのを発見した中年男性教員は「なんでできひんのや。こないだやったばかりやろ！」と怒鳴り散らしたという。この事件後、彼女の足は再び教室から遠のいてしまった。

教員が持つ鈍感さとそれを支える自己正当性は、私の感覚では、生意気・傲慢不遜と揶揄《やゆ》されるマスメディア業界の人間よりもひどい。その原因は、学校の教室という閉鎖空間で、誰にもその横暴さや非社会性を指摘されずに生きてこられた、あるいは、生きることを許されてきた点にあるのではないだろうか。

このような傾向は、中堅からベテランの教員に多いことは間違いがないが、20代の若手にも少なからず見られる。

ある20代後半の女性教員が、部活動の顧問をしていたときのことだ。彼女が担当する水泳部が、公式戦のリレーで惜しくも敗れた。敗因は一人の男子生徒であった。彼は懸命に練習し、レギュラーを勝ち取り、本番でも全力で泳いだが、他校の選手と比べて明らかに遅かった。

ところが試合後、あろうことかその女性教員は「○○が遅かったからなあ」と、その男子生徒の前で彼の名前を呟いたのだ。彼はそれ以降、その教員と会話することなく卒業していった。彼が卒業後、「あの人（女性教員）は、教育者ではなかったですね。心がないと感じましたもん」と言っていたことが忘れられない。

教育者としての哲学や基本を持ち合わせていなくとも、教員免許は容易に取得でき、教員採用試験は定期テストの要領で擦り抜けられる――これが日本の教員養成システムの実体である。

私の経験で言えば、50％以上の教員は大多数の生徒よりも鈍感であり、道徳の面でも劣っている。教育界に蔓延《はびこ》る悪言で「教員は猿を人間にするのが仕事」というものがあるが、実は「人間の皮をかぶったモンスターが、人間の子どもを騙して飯を食っている」のだと思えてならない。

1－2　学ばない教員

本を読まない

読書を勧めることを良くないという人はそういないだろう。多くの教員も生徒の「活字離れ」を嘆き、国語教員を中心に推薦図書を選んだりして、少しでも文字を読むことの意味を伝えようと躍起になっている。

では、肝心の教員自身はどうか？

教員は、大学を卒業しなくては教員免許を取得できない制度になっているので、それなりに活字に触れ、日頃から読書をしているはずだと思われるだろう。しかし、残念ながらそれは間違いである。

２０１１年に小笠原喜康日本大学教授らが行った教員向けアンケート調査によれば、教育関連の本を年間20冊以上読む教員の割合は、勤務年数２～10年９・９％、11～20年15・７％、21～30年22・８％、31～40年35・１％で合計23・０％となっている。自分の仕事に関連する本を、月に2冊すら読まない人間が約8割もいるということだ。

批判を恐れずに言えば、その8割の教員は今すぐ教員免許を破り捨てるべきである。なぜなら、我々教育者は学び続けることを課せられた職業人だからである。

早稲田大学教職研究科教授の油布佐和子教授は、この調査結果に対してこう述べている。

> 勤続年数10年未満《ママ》の一般教諭の68・1%、11年以上20年未満の一般教諭の59・5%の年間読書数は、10冊未満であることが報告されています。(中略)教育に携わる者の読書量として、これは看過されるべき数値ではありません。(*1)

このように一カ月に一冊の本も読まずに教壇に立っている人間が、教育の一端を担っているのだ。こういう調査では、見栄を張って実際より大きな数字を回答するケースが多いだろうから、実体はもっと悲惨だと想像できる。現場にいる者の実感としては、新聞すらまともに読めない・読まない教員が数多く存在する。

もちろん、教員が多忙であることは間違いない。

午前8時頃には実質的に業務が開始され、一旦始業するや否や着席する時間もなく、終業時間まで駆け抜ける日々であることも多い。中学・高校の教員で運動部の顧問もしていれば土日の出勤も当たり前である。この意味で、現在の教員が置かれている労働環境は憐れである。教育システムが制度疲労を起こしていることも否めない。

そのため、多くの教員が「忙しくてねぇ」とボヤきながら、読書をしない生活を送ることになる。

だが、それは言い訳に過ぎない。中学・高校の教員であれば空いているコマは存在するはずだし、早起きをすればいいだけのことだ。生徒が社会に出ていこうとしているにもかかわらず、その社会を知ろうとせず、言い訳をしている状況は極めて不誠実だ。

多少、読書をし、新聞を読んでいる教員でも、書籍を一冊だけ読んで、その内容を生徒に話してしまう。あるいは一紙・一冊の観点からのみ生徒に考えさせたり、事実の一部分だけを取り上げて生徒に伝えたりする実践も非常に多い。

こういう実践は、科学性や比較の重要性、物事の背景や歴史を一切無視して情報を垂れ流すのと変わりない。このレベルの教育実践に留まるのならば、自らを「教師」と名乗ってはならない。なぜなら、社会や科学、学問がどういうものであるかについての認識が未熟すぎるからだ。

役に立たない〃いい先生〃

それでも、生徒のために学んだことを情熱的に話す教員は、生徒から〃いい先生〃と評価される。このような教員は、生徒から〃いい先生〃と評価されることを拠《よ》り処《どころ》にして、自らの実践を正当化していく。そのため、学問的手法や科学性、客観性というものを引退するまで身に付けることができない。

〃いい先生〃が生まれる構造は、学問的手法などについてよく知らない生徒たちが、自分たちのことを考えて懸命に業務を遂行しようとしている教員のことを、〃いい人〃と判断し、その〃いい人〃がたまたま〃先生〃をしていたから〃いい先生〃と読み換えられているに過ぎない。

無論、この程度で〃いい先生〃と言われるということは、その他の教員が生徒にとって〃どうでもいい先生〃であることの証明でもある。

また、学ばない〃いい先生〃は、先人たちの知識や技術を次世代に伝えることができない。実際に、教師として読むべき実践事例や研究といったものが、日本にはごまんとあるにもかかわらず、それを知らないまま教育実践をしている者が多く、教育知識や教育技術の継承がスムーズに行われていないことが問題となっている。

例えば、学校経営学の大家である天笠茂・千葉大学教授は「いま、教育界では、一種のドリル学習や音読による学習が、あたかも新しい教育技術として関心を集めているようである。しかし、これらは目新しい技術・教育方法ではなく、組織におけるスキルの蓄積がなされ、教育技術の継承がなされていたならば、このような受け止め方、騒ぎにならなかった」(＊2)だろう、と憂いを表している。

また、ある関西の中学校長は「教員養成系大学を卒業した若手でも指導案すら書けないよね。大学時代に全然学んできていないもの。斎藤喜博《さいとうきはく》も東井義雄《とういよしお》も知らないからね。若手がよく言う『子どもが好きで』なんて志望理由にもならない。『好き』で当然でさ、そこから何ができるかが大切なんだから」と嘆いていた。

この発言に出てくる若手教員も、二言目には、学ぶ時間の確保ができないと不平を言っているそうだ。それでも、一定の生徒の信頼は確保しているという。〝いい先生〟の一人なのだろう。

学んでいないということは、この若手の価値観や主義主張の大部分は、彼の人生経験に依存しているはずだ。たかだか二十数年の人生と数年の教員生活をベースに経験主義的な指導をされては、生徒たちも堪《たま》ったものではないだろう。先人がどういう状況で何に苦しみ、何を考えたのか、何をどのように分類・系統化してきたのかを学んで初めて、教育者として教壇に立つことが許されるのではなかろうか。

〝指導書〟という名のアンチョコ

「師」であろうとする者には、生徒に伝えたいことが多々あるはずだ。それを可能にしようとしたのが「ゆとり教育」だった。知識偏重を憂い、人間らしい人間の育成を目指すというのがその目的だったが、現場の教員たちは何をしていいかわからず、混乱した。2002年度開始(高校では2003年度)の第二期「ゆとり教育」に先んじて実施された教員向け説明会では、その理念がほとんど理解されず「何をやったらいいか提示してくれよ」という声が多かったそうだ。

学ぶ気などほとんど持ち合わせず、次世代の教員を育てようという意識も薄い人間が〝先生〟の地位に固執し、その既得権益を守ろうとしている——それが教員業界に他ならない。

そういう意識レベルの教員は、〝指導書〟という虎の巻を支えに教壇を支配する。〝指導書〟とは、教科書の購入決定に伴い、出版社から渡されるアンチョコのことである。出版社によっては作成していないところもあるようだが、基本的に、教科書を買えば一冊以上付いてくる。現職の教員であれば、追加で買うことも簡単だ。

指導書には、板書の完成図や生徒への問い、関連情報、テスト問題、参考文献などが事細かに記されている。有《あ》り体《てい》に言えば、大学生くらいの知識や思考力があれば、授業らしきものを成立させられる〝攻略本〟である。つまり、授業成立に失敗している教員は、よほどセンスがないか、指導書レベルの学びすら怠っているということなのである。

一斉講義型授業の弊害

ここで、学校の教育システムを見てみよう。

教科内容をまとめてわかりやすく書いたものが教科書だが、この書物を熟読させることなく、他者の学習速度に合わせてよりわかり難い解説を聞く、というのが日本の授業の一般的な形式である。

この形式は、聡明で真面目な生徒はまだしも、授業レベルに適合しないほど優秀な生徒や、逆にその単元の理解が遅い生徒にとって、無駄なコストをかけていることになる。

ではなぜ、同世代の人間を同一空間に押し込め、同一教材を用いて同一速度での理解を求めるような授業形態が行われるようになったのだろうか。

この一斉講義型授業を主導したのは、功利主義者であるJ・ベンサムであった。パノプティコンと呼ばれる監獄の設計で有名なベンサムは、その中央監視の原理を模したクレストマティア学校の設立を構想した。この一斉講義型授業は、前時代までの徒弟制よりも効率的に、大量の人間を一度に教育することができたので、徐々に普及していった。(＊3)

日本では、19世紀後半に近代学校が設立され、「共通の素養を持った国民形成を進める」という目的の下、一斉講義型授業が推進され、それに合わせた教室レイアウトがなされていった。(＊4)この流れは今も大きく変わっていない。

端的に言えば、軍隊における兵士育成教育、あるいは工場における大量生産システムのように、生徒の中に一定の知識体系を効率的に作っていくための仕組みが、一斉講義型の授業だということになる。この意味で、教員は教師などではなく、〝隊員〟あるいは〝工員〟であると言い換えられる。

我が国では、高度経済成長期に高校進学率が上昇し、受験競争がその激しさを増すことに比例して、この一斉講義型授業が授業の典型的スタイルとしての地位を獲得していった。この時期を教員や生徒として過ごした者は、この形が〝授業〟だと信じて疑わないだろう。

一方で1980年代後半より、互いの話を聞き合うことを学びの基礎として学習を深める「学びの共同体」という発想や構成的グループエンカウンターという方法（91ページで後述）の必要性が強く謳われるようになった。また、戦前・終戦直後の生活綴方《つづりかた》教育に見られた学習集団の有効性も見直されるようになった。

学習集団とは、生徒が集団で討議したり、生徒の書いた文章をもとに読み合いや話し合いを行う実践のことである。

しかし、まだまだ一般化しているとは言い難く、話し合いの授業が増えつつある、というレベルであり、その実践も、ただ話し合わせているだけで着地点の見えないものが多い。

それほど、教員・生徒・保護者ともに、一斉講義型授業に対する信奉は根強いものがある。そしてこの信奉は、知識は一斉講義の形で獲得するものであり、そこで手に入れた知識を記憶し、再現できることが学力である、という思想に繋がりやすい。つまり考える力＝思考力の軽視である。

教育界では長年、思考力の必要性が謳われてきた。経済産業省が提唱する「社会人基礎力」や、新司法試験で求められる能力にも論理的思考力が含まれるなど、国家レベルでも思考力は重視されている。しかし、状況がなかなか変わらないのは、一斉講義型授業への信奉が存在することと無関係ではあるまい。

無駄なコスト

80年代以降ずっと主張されているように、公立学校の義務教育段階では、落ちこぼれを出さない教育が求められる。それが悪いとは思わないが、その目的と一斉講義型授業はそぐわない。優秀な生徒にとっても、教員の想定以上に学力の低い生徒にとっても、不幸だからだ。学力の低い生徒にとって、わからない授業を45～50分間聞かされ続けることは苦痛でしかない。それが一日に何コマもあれば、逃避行動に出ることも、自己の無能さを痛感して自尊感情を損なうことも、教員に反抗することも、当然である。

逆に授業開始から2～3分で、授業内容や教員の求めることが全てわかってしまう生徒にとっては、睡眠の時間か似顔絵を描くなどの一人遊びの時間、あるいは受験勉強などの〝内職〟の時間にしかならない。つまり、人間が最も成長する貴重な時期に、膨大な時間を無為に、あるいは利己的に過ごすことになってしまうのである。

私はかつて、中学入試向け予備校の講師として、小学4年生の最上位クラスを受け持ったことがある。彼らは極めて優秀だった。例えば内閣改造が行われると、新聞を読んできて、

「先生、この大臣の言っている政策がよくわかりません。説明してください」と言ってくる。それが一人や二人ではない。さらに、全ての大臣の政策に関する談話を読んできた子すらいた。あるいは、80分間の２コマ連続授業が終わったとき、「先生、30分でいいんで延長してもらえませんか」と求めてきたこともあった。

彼らの知的好奇心は飢えていた。学校での学びは退屈で仕方がないと言う。その通りだろう。学校の授業速度ではわからないことなど何一つなく、当然のことながら一般的な10歳児と話が合うわけがない。もっと、社会や人間、科学について知りたいと欲しているにもかかわらず、それは与えられない。

つまり、現行の授業システムは、多くの不幸を抱え込んだ上で成立しているのである。しかし、そういう状況に対して多くの教員は効果的な策が打てていない。ただ漫然と、教科書や指導書を音読しているに留まっている。

思考力や物事の見方を養う実践

ここで、私の高校における実践を紹介しよう。

この実践は、生徒に思考力や物事の見方を身に付けさせることを目的にしている。これらなくして生徒は成長しないし、教育の名に値しないという考えをもとに生み出した授業だ。

その授業では、全国紙5紙と地元紙1紙の計6紙を、生徒に比較検討させる。それによって、新聞ごとに論調が違うという認識を持たせる。

例えば原発の再稼働については、読売、産経、日経新聞は再稼働賛成、逆に毎日、朝日、京都新聞は再稼働反対ということがわかる。さらに、それらの論調がいかなる根拠に基づいているのかまで理解し、新聞社側がそういう報道を行うことのメリットにも光を当てる。その上で、生徒自身はどう考えるか、持論の形成にまで繋げる。

この授業に、生徒は食らいついてきた。

私は、このような経験が生徒の知見を豊かにし、大学や社会での学びや生活の選択に繋がると信じて疑わない。事実、理系クラスに在籍していた生徒が、この授業をきっかけに新聞記者になったこともある。

自慢に聞こえたら申し訳ないが、この実践を可能にしたのは、大量の読書と取材に支えられた私の知識量に他ならない。私は最少でも年間300冊の書籍を読むし、他に様々な分野の最新論文や雑誌記事にも目を通す。加えて、毎日4~8紙の新聞を読んで教壇に立っている。そうしないと怖くて仕方がない。日々の教育実践が成立しないとすら思う。なぜなら、生徒からどういう問いが出てくるかわからないからだ。生徒が疑問を持ったら、すぐに最適解を提示したいと思う。

「学びの共同体」で知られる、佐藤学学習院大学教授は、教員が専門家として成長するためにという趣旨で書かれた『教師花伝書』で「西洋東洋を問わず、古来、教えるという不遜な仕事を教師が行うことができたのは、教師自身が他の誰よりも読書をし、学んでいたからである。よく学ぶ者のみが教壇に立つことが許された」(＊5)と記している。

この通りだと思うし、そうでなければ若い世代に向かって「本を読め」などと軽々しく言ってはならない。

社会を捉える冷静な眼

先ほどの新聞を使った実践に関連して、情報の取り扱い方にも触れておこう。

社会の情報を捕捉・分析する際に、私は生徒に対して次の３点を口を酸っぱくして言う。

①情報源の確定
②情報が発せられた背景・状況・時期
③情報発信者の目的・メリット

①情報源の確定とは、その情報を発信している人間・団体が信頼に足る存在なのか否かを確かめるという意味である。

生徒は、教科書に掲載されている情報やテレビ局・新聞社が伝える情報、教員の言葉、ネット検索して上位に表示された情報を真実と受け止めがちである。

しかし、それらの情報を一度は疑う視点が必要だ。情報源が誰なのか、という観点を重んじながら情報の受け手になるのと、発信者の身元を全く考慮せずに情報を享受するのとでは、その後の思考の深まりが変わってくるだろう。

②情報が発せられた背景・状況・時期への着眼について。

これは、自分が生きている社会や時代との差異を認識した上で、情報の意味を読み取ってほしいということである。似たような情報でも、それが発せられた背景・状況・時期の違いによって、意味が異なることが多々あるからだ。

③情報発信者の目的・メリットへの着眼について。

公共の利益のために情報発信をする者もいれば、特定の個人や団体の利益のために情報発信をする者もいる。例えば、広告収入が経営の柱であるテレビは、一見前者のように見えるが、後者に該当する部分も大きいだろう。また、自らに都合のいい情報を「史実」として記録させてきた為政者たちも、後者と言える。

生徒には、これら３つの観点から情報を批判的に捉えよう、と伝える。このクリティカルシンキング（批判的思考）は、何かを判断するときに有益な方法である。

教員は生徒によって形作られた存在

私は時間があれば様々な場所に出かけていき、様々な人と交流するようにしている。人との交流がなくては、人は「人間」にならないと信じている。人は人の間で育つ、という金言は核心を突いていると言っていい。私自身、多くの人に磨いていただいて今がある。

恥ずかしながら、私は、20代半ばまで他者についてきちんと考えたことすらなかった。30代になっても、仕事で結果を出すことだけに邁進していたように思う。口では「生徒のために」と言いつつ、その実、生徒を踏み台にしていた部分があったように感じている。

この意識や思想は、本格的なボランティア活動に参加したことで変化したと思っている。

２０１１年3月、何ができるともわからず訪れた宮城県石巻市で、ヘドロの掻き出しや炊き出しを手伝った。その中で被災された女性から「あなたは優しい人ね」と言っていただけた。その後も、何度も優しい言葉をかけていただいた。

私は、その女性が自分の中に存在していると実感するようになった。職場に戻ってからも、精神的にきついときには、彼女のこと、彼女がくれた言葉を思い出す。学術的に言えば、あの女性は私の〝構成要素〟として生きているということだ。私は一人ではない。私という存在は他者によって作られているのである。

これは、生徒についても言える。私は、生徒によって形作られている存在なのだと。このように30代になっても学ぶことはできるし、学び続けるからこそ教師になれるのだと思う。そして、こういう意識を持つことが、教員としての最低限のマナーではないだろうか。

1－3　学べない教員

指導的講話の中身

教員になるような人間は、一般の人よりも〝勉強好き〟だという印象を、多くの方が持たれているだろう。しかし、前節で教員が読書をしないことを示した。本節では「学べない」点に着眼したいと思う。

「学べない」とは、本来社会人としてすでに持っているべき成長の方法が身に付いていないことを意味する。新聞を読み、読書をする教員でも、「学べない」ために、平等性や科学性、正確性などを一切無視した発言を平気ですることがある。

私自身、学生時代に体験し、今でもよく見る光景として挙げられるのは、何の熟慮もなしに「天声人語を読みなさい」と指示してしまう教員の存在だ。「天声人語」は朝日新聞にしか掲載されていない。つまり朝日新聞を読みなさい、と指示をしているに等しい。朝日新聞を読むことが悪いと言いたいのではなく、こんな不公平な指示を何の思慮もなく出してしまうことが、「学べない」＝知的レベルの低さを表しているのではないかと指摘したいのだ。

また、学校は巧妙な洗脳が行われる場所でもある。学年集会や全校集会における教員の指導的講話がそれである。本当は、各教室で話される教員の言葉全てが含まれるのだが、公になることが少ないのとあまりにも膨大な量になるのでここでは取り上げない。

さて、折々の指導的講話によって、子どもたちに浸透させられる教育理念は、人生の選択を左右するという意味でかなり重要である。講話力があり、生徒の信頼を勝ち得ている教師のそれはもちろん、逆に生徒が話し手である教員を軽蔑している場合でも、書物や新聞を足掛かりとして話される内容は影響力を持つ。

にもかかわらず、新聞記事や最近読んだ本の内容を、筆者の論旨そのままで垂れ流す例は枚挙にいとまがない。もちろん、校長や学年主任の話に、毎回毎回、学問的厳密さまでは求められないだろうが、客観的な視点や科学性などを完全に欠いたまま、マスメディアや評論家の思惑通りに情報を垂れ流すことは、職業倫理として許されないと考える。しかも、その情報の受け手が影響を受けやすいティーンエイジャーであるならば、なおさらだ。生徒の思想・行動を一方向に導いてしまう可能性があるからだ。この危険性に無頓着な指導的講話は、罪深いと私は考えている。

具体例を挙げよう。次のような校長講話だ。

「今朝の朝刊に書いてありましたが、海外に留学する大学生が激減しているそうです。先生は悲しいなあ。もっと夢を持って世界にチャレンジしていってほしいと思います」

この程度の話でも、真面目な生徒は「校長の言う通り、チャレンジしねえとなあ」と思うかもしれない。

こういう講話を耳にするたびに、私はひっくり返りそうになる。なぜなら、記事のコンテクスト（文脈）がわからないし、データの比較もなされていない。また、海外留学の目的や効果が提示されていないし、記事を書いた記者、掲載した新聞社の思惑も分析できていない。こういった諸々の疑問が浮かぶからである。

この程度の疑問を持たずに新聞記事を読み、それをそのまま垂れ流すのなら、「今日の朝刊の海外留学の記事を読んで、考えておきなさい」と言われる方が効率的だし、思想的誘導の危険性も少ない。わざわざ寒い体育館や、音響設備の悪い講堂に集められ、低次元の話に時間をとられる生徒に、憐憫《れんびん》の情を禁じ得ない。

「毎回、そんなに深い話ばかりはできないだろう」という反論には、単に読書量不足・思考力不足であると返答したい。それなりの読書量があれば、新聞記事をそのまま垂れ流すのは気が引けるはずだ。また、本気で若い世代を成長させたいのであれば、上っ面を舐めたような話をしている時間などないはずだ。

先ほどの留学について言えば、現在は「理高文低」の時代を迎えていて、中でも医療系、バイオテクノロジー系学部の人気が高いという背景を捉えていれば、留学せずとも国内で世界最高峰の学びができるとも考えられる。ノーベル賞の受賞者らが、最先端の科学研究を日本にいながら日本語で学べる優位性を述べていたことも記憶に新しい。

もちろん異文化社会で生活すること、他国の人間と交流をすることは、人間としての成長や感性の広がりに繋がるだろう。しかし、前述のような講話の仕方では「留学さえすればOK」という安易な発想を生み出さないだろうか。海外の語学学校の最下層クラスが日本人の溜まり場になっていて、大した語学力も身に付かないといった話は珍しくない。

また、努力が実ってそれなりに語学力が向上したとしても、話すべき内容を持たない者が語学という道具を身に付けたところで、本来の意味での「チャレンジ精神」とやらと合致するのだろうか。必要なのは海外に留学するチャレンジ精神ではなく、未来を創造していくチャレンジ精神の醸成ではないだろうか。少なくとも海外に行くことが、チャレンジ精神の有無の指標にならないことは明白である。

このような理由から私は、若い世代に対して「自分にとって海外留学とはどのような意味があるのか考えなさい」と話す方が真摯《しんし》な態度だと思うのだ。

残念な教員文化

低次元な講話が生まれる土壌には、学問やメディアリテラシーに対する鈍感さ、そして、このレベルの鈍感さを再生産する教員文化の存在が考えられる。

教員たちは、自らの経験から「教員が生徒にする話とはこういうものだ」と勝手に理解している。本来、比較対象となる質の高い講演会をこまめに聞きに行くほどの勉強家は、多く見積もっても2割程度しかいない。多くは〝多忙〟を言い訳にして、自己を肯定している。

だから、自分の話し方を反省することはないし、残念さに気付くこともない。

加えて「生徒は教員の話を聞くのが当たり前」と考える者が少なくないことも挙げられる。こういう思考回路からは、話法の向上や内容の精選に取り組むどころか、生徒が話を聞くときの心理にすら目を向けない姿勢が生み出される。そして〝教員の話を聞かない〟〝居眠りをしている〟生徒などが指導の対象となり、叱られることになる。

確かに倫理や道徳観の指導も担わされている現状があるので、生徒に舐められたら業務に支障が出るという教員側の論理はわからなくはない。しかし、このタイプの残念な教員は、「生徒は教員の話を聞くのが当たり前」というスタンスでは教育サービス業が成立しなくなったことに気付けていない。また、そんなスタンスで人間同士のコミュニケーションが成立するはずがないことも理解できていないのである。

こういう教員が一人でも同教科や同学年の担当にいると、生徒と教員の間の不穏な状況やコミュニケーション不全に気付くことのできる教師の労働量は、一気に跳ね上がる。なぜなら、生徒が残念な教員に対するクレームを吐き出しにやってくるからだ。クレームの数は中学・高校の教育現場では、膨大な量になる。私自身、生徒の不平不満の聞き役を、ほぼ毎日2時間以上引き受けたことがある。

生徒たちの指摘の8割以上は、客観的なエビデンスのあるまともなもので、自分が生徒の立場だったら「退学になってもいいから、その教員を殴るだろうなあ」という事案も少なくなかった。

制度の不備

こうなる理由の一つは、教員個人の資質の問題だけでなく、制度の不備にもある。
新人教員の場合でも、4月に赴任し、4月中旬にはいきなり授業を始めなければならない。公立中学・高校であれば、指導役の教員が付き、週に一回程度のアドバイスを一年間にわたり受けられる制度がある。この週一回程度の指導ペースが現場の運営上の限界だということは理解できるが、多感な生徒が新人教員を品定めし、評価を決めるまでの時間に、教員側の成長速度は到底追いつかない。

さらに、研修内容自体も効果的とは呼べない、との声もよく耳にする。無論、教育委員会が公にする調査では、「効果的」という結果が示されていることが多いが、実際に近年、新任研修を受講した教員からは、「指導係の教員のやる気がなかった」「授業の構成の仕方すら教えてもらえなかった」「指導係の方自体が、生徒から不評の授業しかできていなかった」

という悩みを聞くことが多い。また、多く聞くのは「大学生時代の塾のバイトが一番技術的に伸びた」というものである。

これが私立校となると、教員研修などおざなりのところがほとんどで、中途採用で必要最低限のレベルを確保したり、在籍する教員でなんとか授業のコマ数を埋めて、見た目上成立させたりしているところも珍しくない。授業の質に関する議論など、そもそも蚊帳の外だ。

このような状況は何を生むか。多くの場合、「授業なんてこんなものだ」「教員なんてこんなものだ」という生徒の諦めをもたらす。

学校の授業は諦めても、勉強は諦めない生徒はどういう行動をとるか。塾や予備校に通うだろう。それを証明するのが、塾や予備校の活況である。

学校の根幹である国語や数学といった教科の教育を外部教育機関に依存している現状が、一般的な教員の技量の低さを表しており、現在の一般的な学校の実力だと言える。

鍋蓋式の組織運営

残念な教員も人間なので、自己愛は持っている。しかもそれはかなり強い。

また、彼らには中途半端な情報収集能力があるため、労働基準法の規定と比較して「自分の生活は忙しすぎる」とか、「自分はとても頑張っている」という認識を抱きやすい。それが積み重なっていくうちに、自己の技量の低さを無視するようになり、自己の存在を当然視するようになる。そうなると、もう成長は見込めず、他人が何を言っても言い訳をして自己研鑽しないモンスター・ティーチャーが生まれる。外側を自己肯定という鉄皮で固めたハリボテの完成だ。

この極度の自己肯定は、新人時代の教育が甘いことだけでなく、〝鍋蓋式〟と言われる組織構造によっても助長される。

学校教育の現場は、平場の教員（一般的な平社員と同等の意味）以外は、教頭と校長しかいない組織運営が長く続き、教員同士の上下関係が存在しなかった。今でこそ、副校長や主幹、主任といったポジションもあるが、教頭と校長を含むいずれの役職も、実力がある、あるいは人望があるから出世してたどりつく地位というわけではない。

他業種では、昇進によって決定権が増し、自分のやりたいことができるようになっていくのに対して、教育界では昇進によって教員としてやりたいことから遠ざかるという構造を持っている。教員のやりたいことと言えば、授業、クラス担任、部活動顧問の3つだが、管理職になると、これらの一部、あるいは全てができなくなる。したがって、力のある人気教員や生徒愛の強い教員ほど、管理職にならずに現場に留まろうとする。

実際にベネッセコーポレーションが行った調査によれば、管理職になることを希望する中学校教員は、全体の14・1％しかいない。(＊6)

比較のために、2014年に日本生産性本部がまとめた、新入社員向け「働くことの意識」調査の結果を紹介しよう。

「どのポストまで昇進したいか」という問いに対して、非組合員となる課長職以上と回答した割合は、52％だった。これは、教育界での管理職の入り口である教頭（学校によっては主幹）職以上の昇進を希望する者が半数以上いる、と置き換えることができるだろう。あるいはリクルート組織行動研究所が2010年3月に実施した「30代～50代ビジネスパーソンのキャリア意識調査」においても、管理職志向が47・2％となっている。

このように、他業種とは異なり、教育界では〝出世〟が引力にならないのである。すると、最も力があり、生徒からも同僚からも信頼の厚い人物が平場に存在することとなり、管理職の指示を聞かなかったり、逆に管理職側が委縮して特別扱いしたりする事態が発生する。

確かに、多くの事案について最終決定権は学校長にあるので、希望と理想に燃えて管理職、ひいては校長職を目指す一群がいることも事実である。

だがその何倍もの数の教員が、生徒と触れ合うという目的を最優先し、組織全体の発展を考えることなく業務に当たる、という構図が生まれている。

同時に、個々の教員による既得権益堅持という自己愛は管理職の実行力を弱め、改革の速度を鈍くしたり、改革自体を不可能なものにしている。さらに、教員の自己愛は見えにくく、教科指導や生徒指導の技量が低い者も高い者も混在しているため、おいそれと改善できるわけではないのだ。

端的に言えば、部分の改善にすら手を付けにくく、仮に改革などを行おうとすれば、大量の抵抗勢力を向こうに回しながらのフルモデルチェンジを断行しなければならないのである。

勉強ができない教員

非常に悲しい話をしよう。教員は受験勉強もできない、という事実だ。

次ページの表は、２０１４年度の駿台予備校・ベネッセコーポレーションの偏差値一覧である。多くの国公立総合大学で、教育学部はその大学内の他学部と比較して低い偏差値だとされている。

主な国立大学の学部別偏差値比較

北海道大学

文学部	67
法学部	67
経済学部	67
総合入試文系	67
教育学部	66

東北大学

法学部	69
文学部	68
経済学部	68
教育学部	67

千葉大学

法政経学部	66
文学部	64
教育学部	59

京都大学

文学部	78
法学部	78
経済学部	76
教育学部	76
総合人間学部	76

大阪大学

法学部	76
文学部	73
経済学部	73
人間科学部（教育）	73
外国語学部	68

岡山大学

法学部	63
文学部	61
経済学部	61
教育学部	59

広島大学

文学部	63
法学部	63
経済学部	63
総合科	62
教育学部	61

※前期日程のみ。夜間・理系学部は除く。

出典：Benesse®マナビジョン　http://manabi.benesse.ne.jp/ap/daigaku/search/nanido/ を基に作成。

一つの大学に限ってみれば、そのキャンパス内において、教員志望の者は受験勉強に長けていない、あるいは最も苦手であることも少なくないということだ。その彼らが教員となり、教育現場で職を得ると居丈高に振る舞うようになる。

この傾向は、真面目な20代の教員よりも年輩の教員に多いように感じる。20代の教員や専任教員を目指す非常勤講師は、受験勉強的なアプローチで学び続けている。しかし、情熱を失った年輩教員の多くは、伝達すべき情報のアップデートや確認作業を行わない。それどころか受験事情のトレンド分析や、一回一回の授業準備すらほとんどしない。そのような教員の授業は、教科書を音読し、赤と白のチョークを使って黒板にその内容を書き写していくだけである。

この背景には、自身が受験勉強で好成績を修められなくとも、指導ができれば教員業務は成立するという構造がある。クイズの出題者と回答者の関係である。教員側には解答解説書と前述した指導書がある。したがって、それなりの指導ができてしまうのである。しかし、そのレベルでは、各校の入試の出題傾向を把握したり、効率の良い勉強方法・解答方法やスケジュールの立て方、生徒自身のメンタルのコントロール方法を提示したりすることはできない。

受験指導ができない専任教員がどれほどいるか、というデータは管見にして見たことはないが、私の実感では、90％以上の教員がそれに該当し、塾・予備校の講師の後塵を拝している。学校が、学習塾の講師を土曜日の講座で招聘したり(＊7)、大手予備校の教員向け授業力向上研修が花盛りであったりすること(＊8)からも、それは証明できるだろう。

勉強はできるが、教育技術が低い教員

こう書くと、次のような反論があるかもしれない。

日本の制度では、教育学部出身でなくとも教員免許を取得でき、採用試験に受かれば教職に就ける。だから、教員には難関学部の出身者も含まれるし、彼らは受験勉強ができる。自身が受験勉強で好成績を残せたのであれば、指導もできる――。

確かにそういう人は、教育学部出身者より受験勉強はできるだろう。しかし、彼らは教育への情熱や生徒に対する愛情が薄く、教育技術も低い傾向にある。自分の生活圏に教員志望者がほとんど存在せず、教育学の名著を紹介してくれる人間も存在しないのだから仕方ない。

これを喩えるなら、力士を目指しているのに、〝土俵入り〟といった礼儀作法や〝押し出し〟といった技術を知らない状況だと言えるだろう。

力士なら、そんなレベルの者は淘汰されていくだろうが、教育界はそうではない。受験勉強ができ、それと似たような採用試験を突破するとプロの教員になれてしまうのである。「教えることの礼儀作法」や「教える技術」を抜きにしたまま——。

このタイプの教員は、先輩教師の素晴らしい実践を見せてもらっても、その良さがわからない。私自身、授業見学から何も学べないまま帰ってくる教員に何人も出会っている。

彼らは人類が積み上げてきた教育学や心理学、教育史や教育哲学の叡智を知らないまま教壇に立つ。すると先に示したような、自己の体験のみに依存した教育の再生産が行われるのである。

その教員がかつて受けた教育が最先端だったとしても、約10年に一度指導要領が改訂される教育界においては、最先端の教育学や心理学の知見から見ると、5年から20年古い実践が再生産されることを意味している。

教育改革が進まない理由

こういった、日本の教育界に特異な構造が放置されていることで、改革や授業改善は遅々として進まない。

にもかかわらず、政治家は明後日《あさって》の方向を向いた教育改革を謳い続ける。彼らが教育を議論の組上にのせるのは、自らが未来志向のスタンスであることを表明するパフォーマンスに過ぎない。机上のみの教育政策や、教員文化が持つ構造に目を向けない改革は、社会的に意味を成さないだけでなく、直接影響を受ける生徒や教員にとってマイナスであることを理解すべきである。

教育行政について言えば、指導要領改訂という形で約10年ごとに教育目標やカリキュラムが見直され、改善が図られている。しかし、現場と立法・行政の間に存在する構造的な溝に対して丁寧な橋渡しをしないから、「ゆとり教育」が暗礁に乗り上げたり、落ちこぼれを生んだり、生徒とのコミュニケーションがとれない教員が後を絶たなかったりする問題が解消されないのである。

〝構造的な溝〟とは、例えば教員の業務量といった現状理解や職域の限定ができていないにもかかわらず、教育内容を変更しているというような点である。

我々は大量の事務作業をしつつ、生徒や保護者に対応し、教科内容を理解・解釈した上で授業を創造している。これがオーソドックスな日々の業務である。

これらに加え、学校行事や部活の指導、地域住民との交流や各種行事の準備・実践、入試問題の作成、上位校（勤務校が高校であれば大学や専門学校の意味）開催の説明会への参加、下位校（勤務校が高校であれば中学の意味）への営業活動などを行っている。

はたまた生徒の就職先の開拓を行う教員や、生徒の問題行動や街頭指導などのために警察とのやり取りをする教員も珍しくはない。

このように、業務が垂直・水平の両方向に広がってしまったのは、教育業界がお人好しであることの証《あかし》だが、もはやこれらを全てこなせる者などいないと言っていい。現場がこういう状況ならば、カリキュラムや制度を少々いじったところで、大勢が変わらないことは容易に想像できるだろう。

また、コミュニケーション不全型教員（後述）が増えているという点で言えば、開放制の免許制度（教育学部など、教員の養成を主目的とする学部以外の出身者でも、教員免許を取得できる制度）を維持し続けていることが理解できない。

私の限られた経験ではあるが、教育学部出身者や教育大卒業者の方が、それ以外の学部や大学の出身者よりも、明らかに教育に対して真摯だと感じている。ここにも〝構造的な溝〟があるとは言えまいか。

受験勉強は苦手だが教育的教養がある者、あるいは受験勉強は比較的得意だが教育哲学・

教育技術に関して無教養の者、これら2種類の人間に教壇というポジションを与えているのが、日本の一般的な教員事情であり、この構造への無理解こそが教育改革を妨げていることに、一刻も早く気付くことを祈ってやまない。

１－４　コミュニケーション不全教員

暴力教員に対して声を上げられない教員たち

まず、大阪市立桜宮高等学校でバスケットボール部の顧問をしていた男性教員が起こした暴行事件を取り上げよう。

暴力教員がそれなりの数、存在することは否めないが、ここで問題にしたいのは、その狂気性に声を上げなかった他の大多数の教員についてである。

２０１２年12月、市立桜宮高校のバスケットボール部のキャプテンだった男子生徒が、試合の休憩時間や終了後に、顧問の男性教員から顔などを平手で十数回殴打された。理由は、同教員を満足させるプレーができなかったため、とされている。生徒は全治３週間の傷を負い、執拗に繰り返された同教員からの体罰を苦にして自殺した。(＊9)

この教員は、殴り始めると、それが十数発から30発に及ぶこともあったと報じられている（2013年9月10日付産経新聞より）。

この報道に接したとき、すでに〃体罰〃の是非論を語る次元を大きく超えていると感じた。話半分としても15発の暴行である。常軌を逸している。殺人罪の未必の故意が成立してもよさそうな殴り方だ。不良少年同士の喧嘩でもここまではやらない。

そして、これほどのモンスター・ティーチャーを他の教員が止めようとしなかったのは、一般社会の常識に照らして極めて異常と言っていい。多くの方が驚いたに違いない。しかし教員文化を知る者なら、モンスター・ティーチャーに関わろうとしなかった、他の多くの教員の心理に納得がいく。その心理は、大きく3つに分けられると私は見ている。

自己保身の感情

まず、それぞれの教員が持つ自己保身の感情が、同僚の担当領域に踏み込んでまで関係を悪くしたくないと思わせ、見て見ぬ振りをしたという心理構造である。

学校とは、数十名の固定メンバーが閉鎖空間で、様々な業務をこなさなくてはならない職場である。具体的には、生徒対応や保護者対応、学校行事や大掃除など、様々な場面で頼み・頼まれることが教員間には存在するのである。

さらに、この相互依存関係は、指示をする者とされる者の関係が反転する場合があるため、より複雑になる。

例えば、教科指導においては若い教員に対して指導的な役割を果たしているベテランが、全く未経験の部活動顧問を命じられ、その競技の経験豊富な若手教員に従う、または、生徒指導においてはベテランの指示で動いていた教員が、校外学習の統括者に任命される、といったことなどである。中学・高校とは、このような入り組んだ命令系統によって業務を行うことが求められる組織なのである。

こういう特殊な業務の形を前提にすれば、教員間の人間関係を崩してしまうような行為や指摘はすべきでない、という保身の気持ちが働くだろう。生徒の未来など蚊帳の外において。

実例を挙げよう。

私の教え子が公立校の教員になった。彼は、コミュニケーション能力や教育への意欲、授業研究への真摯さ、友人に対する寄り添い方など、いずれも非常に優れていた。その彼が着任３カ月目で、「教育界は腐っています」と私に告げた。

詳しく聞いてみると、同じ部活動を担当するベテラン男性教員の彼に対する暴言や手前勝手な行動に対して、先輩教員が誰一人として声を上げなかったばかりでなく、見て見ぬ振りをし続けたという。

男性教員の振る舞いは、新人教員に対する「社会人の洗礼」として軽視できるレベルではなかった。例えば、生徒への体罰や暴言を繰り返す男性教員自らが、生徒に対して次のような指示をしたことがあったという。

「チームが負けたのはこいつ（私の教え子である新人教員）が悪い。お前たち、責めろ」

社会人として倫理的に逸脱しているのはこの男性教員に他ならないが、被害者である新人教員の訴えを受け止める同僚は存在しなかった。それまで十数年にわたりその学校に勤務しているこの人物と揉め事を起こすことが、自分にとって不利益にしかならないと判断したためである。まさに事なかれ主義の発露だ。

単にやる気がない

ただ、他の業務に支障が出るから見て見ぬ振りをするというのは、実はまだ理由として真っ当な方なのだ。

実のところ、大多数の教員は単に揉め事に対して萎縮しているだけで、給料をもらえること以外、全て面倒臭いと考えているに過ぎない。当然、教育愛など微塵もない。

例えば、校内で喫煙をしている生徒がいれば注意するが、同じ生徒が街中で喫煙していても一切注意しない。いや、それどころか、学校を一歩出れば自らが社会人であることすら忘れて生活している教員がどれほどいるだろう。考えるだけで身震いする。

教員という生き物は、学生時代から学校という空間において、権威者にマイナス査定方式で評価される生活をし続けている。そして、その多くが自身の学生時代にあまりマイナスの評価をされてこなかった。だから、その成功したやり方を社会に出ても続けようとする。

優等生が、威圧的な教員や評価の厳しい教員の前では大人しいが、裏では舌を出していることなど珍しい話ではなかろう。彼ら〝優等生〟が、どんな教員にも〝平等〟に反抗する〝つっぱり〟少年より腹黒かったことなど、誰もが覚えがあるだろう。その腹黒さを持ったまま教壇に立っているのが、大部分の教員である。

ある公立小学校の教頭は「新任教員の半分以上が、人間として厳しいね。相手の肩書きで態度を豹変させるし、自分の利益しか考えていないもの」と、自らの会社員経験に照らして辛辣な分析をしていた。

つまり、自分のことを評価する者の前では〝優等生〟を装い、可もなく不可もない仕事をするが、それ以外のことはしないし、「人間を育てる」などという理想は一片も持ち合わせていない。そういう層が少なくとも2割、多ければ5割以上存在すると思う。

自らの10年以上に及ぶ教員経験に照らしても、そういう残念な教員を背負いながら、1割ほどの気持ちのある教員が汗を流しているという実感がある。こういった心ある教員が2割を超える職場にいる教員の方は、恵まれた環境にいると思った方がいいだろう。

かつてハーバード・ビジネス・レビューに、組織の人材に関する研究で「2・6・2」理論なるものが紹介されていた。その概要を記せば、人材の上位2割がその組織を前向きに引っ張り、6割が中庸、下位2割が足を引っ張るお荷物メンバーというものだ。このようなフレームワークで日本の教育現場を考えると、上から「1・4・5」、下手をすれば「1・3・6」になるのではないか。

他人の専門分野には口を出しにくい

ここまで取り上げた2つの心理以外に、特定の競技など専門分野で結果を出している教員に対して、口を挟みにくいという文化が存在する。教科の指導でも同様の構造があり、自分の専門ではない科目の授業が生徒から悪評を受けていても、なかなかその教科担当者に指摘しづらい。

なぜなら、その悪評の原因は、専門家にしかわからないレベルの深い思惑を含んだ厳しい教育行為であるかもしれないからだ。

とは言え、モンスター・ティーチャーに関わろうとしない教員について言えば、前述した自己保身や、「触らぬ神に祟りなし」という感覚の方が圧倒的に強いと思う。これは、モンスター・ティーチャーによる非人道的な暴力に対して、声一つ上げない同僚教員が大多数であった桜宮高校や、多くの対戦校の教員の振る舞いからも証明されるだろう。

なお、このような先輩教員たちの背中を見て育った若手教員は、次の3つのうちのどれかの道を歩むしかない。

「教育業界とはそういうところだ」と、深い思慮なしに納得して同じように既得権益確保に励む者、傍観者に徹し自分の仕事だけに粛々と取り組む大多数の者、管理職に対して異議を唱えまくる面倒臭い存在として生きる者、である。

1－5　理念欠如型教員

教員が生徒に求めるもの

教員が生徒に求める理想像は、大きく3つに分けられる。

一つは、人格・思想焦点型理想像である。「優しい人になってほしい」「他者と協調できる人間になってほしい」「何事にも諦めない心を身に付けてほしい」「質実剛健の精神」といったものである。

もう一つは、経済的価値向上・知識技能獲得焦点型理想像である。「卒業後、自立的な経済活動が行える人間になってほしい」「誰にも負けない何かを身に付けてほしい」「日本社会の発展に寄与する人材になってほしい」「グローバル人材になってほしい」「読み書き算盤ができるようになってほしい」というものである。

最後は、学問的魅力焦点型理想像である。「英語を好きになってほしい」「数学の美しさを知ってほしい」「芸術的に豊かな感受性を身に付けてほしい」というものである。

この3つは、完全に分けて語れるものではない。それぞれの間に、「リーダーになれる人になってほしい」とか「他人に勇気を与えることのできる存在になってほしい」「良妻賢母」といったものが位置し、グラデーションのようになっている。

しかし残念ながら、このような教育理念をきちんと持っている教員は多くない。

「あなたは教員として、どのような生徒を育てたいですか?」と聞かれれば、元〃優等生〃教員たちは模範解答をするだろう。しかし、その言葉に熟慮はなく、多くの場合、言葉の意味についても考えられていない。当然、彼らが実践している教育活動にも繋がっていないし、行動に表れてくるはずもない。

例えば、「正社員として就職して、他人に必要とされる人間に育てたい」と自らの理念を語っている女性教員が、意欲の低い授業を繰り返しただけでなく、生徒心理を慮《おもんぱか》らない発言をしたことがあった。そのために溜まった生徒の不満を、心ある契約講師が受け止めていた。しかしその女性教員は、その契約講師が真横に座っている教員室で「早く辞めて専業主婦になりたいんですよ」と宣《のたま》った。その契約講師が専任教員を目指していることを知りながら、である。

他にも、集会で「心優しい人になってほしい」と語っておきながら、生徒が卒業すると彼らに全く興味を示さなくなる教員、「未来を切り拓く人材になってほしい」と高邁な理想を掲げながら、目の前の学校経営にだけ注力し、生徒の現状について関心を示さない教員など、枚挙にいとまがない。

驚くのは、そういう教員の本心を生徒が早い段階で感じ取り、反発したり諦念を抱いたりすることだ。おそらく、言葉の端々や僅かな表情の変化、滲み出る雰囲気、教科指導の内容などから判断しているのだろう。私の感覚では、少なく見積もってもその8割以上が正しいと思う。

このような生徒の感覚は、生徒向けの教員（授業）評価アンケートに反映される。アンケートの記述の中には、精神的に幼い生徒の感情的批判もあるにはあるが、大部分は正鵠《せいこく》を射《い》ていると思う。生徒向けのＣＳ（Customer Satisfaction＝顧客満足）調査を舐めてはいけないと言えるだろう。

何をすればいいかわからなくなる教員

非常に多くの学校が理念を掲げているが、どこかで聞いたような美辞麗句が並んでいることがほとんどだ。それらはあくまで広告的なキャッチフレーズであり、実質的な目標を示したものではない、と解釈すれば納得はできる。

だが、本質的な理解の難しい理念が掲げられることで、組織の質が下がることもある。なぜなら、その学校で働く教員・職員自身にも理念が理解できないからである。例えば、先に挙げた3つの理想像が網羅されたような学校理念だと、教員は、自分が組織人として何をすればいいかわからなくなるのだ。

難解な理念は、さらに次のような教員の行動パターンを生み出す。前向きなパターンでは〝生徒への執着〟、残念なパターンでは〝独善化〟である。

前者の〝生徒への執着〟は、学校の目指す方向が理解できないから、せめて自分の担当する生徒にだけは真摯であろうとする心理に裏付けられた行動パターンだ。目の前にいる生徒の利益のためだけに邁進する。教員には元来真面目に生きてきた人間が多いので、この選択をする者も少なくない。とは言え、彼らの中には前述のような「学べない」者が多数含まれているから、本当に生徒の利益になっているかどうかはわからない。

問題は後者の〝独善化〟である。彼らは組織の方向性がわからないことを言い訳に、理念の中から都合のいい部分だけを切り取り、それを「業務」と呼ぶ。自分が好まない分野を学ぶことはない。表面上、生徒との関係を取り繕うが、業務放棄や教員のチーム崩壊を招く言動に及ぶことが多い。

実例を挙げよう。

数年前、全く理念のない若い女性教員がいた。口では「生徒に社会で通用する国語力を身に付けさせたい」と言うが、本音では国文学の研究者になることを望んでいた。

あるとき、彼女が生徒から集めた課題のデータを紛失してしまった。同教科の相持ち担当者であった私は、「正直に生徒に謝って、もう一度提出してもらおう」と促し、生徒の待つ教室へ同行した。ところが教壇に立った彼女は、「パソコンの不具合でデータが消えてしまいました。もう一度提出してください」と、虚偽の言い訳の後に指示をした。

あのときの生徒の心理変化は凄まじかった。その〝謝辞〟の直前までは反発程度だった感情が、波が引くように諦念化したのだ。私も生徒の前で女性教員を指導するわけにはいかず、教員室に戻ってから「ちゃんと謝りなさい。人間関係も信頼も全部なくなっちゃうぞ」とアドバイスした。だが、すでに手遅れだった。彼女は後日謝罪をしたものの、生徒が胸襟を開くことはなかった。

この女性教員は、自らが望む国文学の研究と「社会で通用する国語力」を強引に結びつけて考えていた。しかし、国語の教育法や、生徒の心理を理解するための発達心理学などを学ぶ気は全くなかった。生徒の心に寄り添う気持ちすらなかった。

この経験から私は、わかりやすい理念の提示、そしてその理念に連関した教育方法の提示やアドバイスが、学校組織の構成員にはなされるべきだと痛感した。そうしないと、生徒の貴重な成長期の価値を低減させてしまうからである。

1－6　マイナス査定の学校文化と、それに怯える教員

教員の評価基準は？

教員業界にはホームランというものが存在し難い。一部私立高校では、生徒が東京大学に合格したとか、部活動が全国大会に出場した、といったことを受けて、指導教員に特別ボーナスを支給するところも存在するらしい。だが、国公立校はもちろん、一般的な私立校でもそういったことは珍しい。

では教員は、いかなる評価基準によって「いい教員」だとか「問題教員」だとかの判断を下されるのだろうか。

管理職が行う人事評価以外で、近年一般化しつつあるのは、生徒に対して行われる教員

（授業）評価アンケート調査である。評価の芳しくない教員やベテランになってからこの制度に巻き込まれた教員からは、「正確な判断材料にはならない」とか「人気投票だ」との感想も聞かれるが、そんなことはない。それは、低評価を受けた教員の遠吠えである。

もちろん、人気投票的な側面があったり、教員が厳しい指導をした直後などに結果が悪くなったりするなど、統計データとしての信憑性について疑問を持とうと思えばいくらでも持つことはできる。

しかし、例えば新聞社が行う世論調査でも、社会状況が変われば数字は変化する。ましてや、多感な時期にある生徒と教員の間の関係だから、それが一定であるはずもない。その関係性に数字が左右されるのは当然で、変化自体は全ての教員に平等に降りかかる。

だから、教員（授業）評価アンケートの結果は変化するものという前提に立った上で見れば、信頼できるものと言えよう。つまり、教員の授業力は、生徒の評価によってかなりの部分が把握できるのだ。

マイナス査定の文化

ところが、このアンケート結果は、教員の人事考課においては、なぜかマイナス査定のためばかりに使われる。

これには以下のようなからくりがある。

国公立だろうと、私立だろうと、教員業界の管理職は自己保身の度合いが高い。この意識は、自校生徒の保護者を筆頭に、外部者からのクレームや指摘に弱いことを意味している。心理学的にも、マイナス方向のインパクトはプラス方向のそれよりも3倍以上に感じられるという研究があるが(＊10)、その典型が学校教員、学校運営者であると言えよう。

これは、生徒を輝かせる珠玉の教育実践や効果的な授業展開などよりも、クレームになるような問題を起こさないことを重んじる心理と言い換えることができる。

こういう価値観で文化形成をしてきたため事務員のような教員が増え、若い世代に本気で向き合う〝人間教師〟は稀有《けう》な存在となる。人間に徹底的に寄り添う人間教師がドラマのテーマになりやすいのは、そういった教師が圧倒的に少なく、同時に多くの人がそういう関わり方を求めているためだと分析できる。

つまり、教員が現実の教育現場で情熱を持っていればいるほど、チャレンジをしようとすればするほど息苦しい状況が生まれ、その人物が抱いてきた教育愛や意欲は自らが憧れてきた教育界自体によって切り刻まれる可能性が高まると言っていい。そして、できる限り失敗しないことを考える教員が育成されていくのである。

プラス査定の文化であれば、その文化内にいるものは自分の行為を公にしやすい。なぜなら失敗しても挽回が可能だからだ。マイナス査定の文化だと、失敗を隠蔽、あるいは責任転嫁したくなる。だが、それは誰かにマイナスされたくない心理がそうさせるだけであって、人事考課者がいない場面では本当の顔を見せることになる。これはマイナス査定の組織ではどこでも見られることだろう。

具体例を挙げよう。

ある40代の教員の話だが、彼は出世欲が強かった。人事考課をする管理職の前では、嫌がられるような悪感情を表に出すこともないし、反対意見も言わない。業務はもちろん真面目に行う。しかしひとたび管理職の目が届かない会議になると感情を露わにし、管理職批判を繰り返す。授業にはたびたび遅刻していく。

教育現場では、このような教員が生徒に対して倫理的な講話を高飛車な態度で行う場面に多々遭遇する。そのたびに、私は組織人としての自分と教育者としての自分の狭間で葛藤し続けてきた。

もちろん、現代日本の教育職が聖職だとも思わないし、聖職者と言われた人が全て崇高な理念を持ち、その理念を言動として表出させ続けてきたとも思わない。しかしながら、あまりに厚顔不遜な教員の言動を見るにつけ、自家撞着を起こしているのではないかと痛感せざるを得ない。

この憤りと忍耐の狭間で苦しむ若い教員は少なくないと察する。それは私が彼らから、そういった類《たぐい》の不平不満を数多く聞かされてきたからだ。この苦しみを解決していくためにも、理念的な言動がしっかり評価される制度が必要だろう。

指導とマイナス査定の取り違い

逆に、単なる指導がマイナス査定に取られてしまうこともある。

以下、具体例を挙げていこう。

元〝優等生〟教員は他者から指摘されることをひどく嫌う。人生で叱られた経験がほとんどないまま教壇にたどりついた者も少なくない。だからなのか、中堅・ベテランから見れば必要かつ的確な指摘であっても、彼らにとってはマイナス査定と捉えられてしまうこともある。

以前、「授業の技術を教えてください」と懇願してきた20代半ばの男性高校教員がいた。

教員歴は2年目。授業の評判は生徒から聞いていた。「あいつ、何を喋っているのかわからない」「授業中、目が泳いでいる」「暗い」「男子が話を聞かないから、〇〇先生、ちょっと可哀想」というような内容だった。

私は授業を参観に行った。

見事に舐められていた。生徒は遅々として作業を進めず、教員の話には僅かにも興味を示さない。もちろん私語が止む気配はなく、当該男性教員も注意すらできない。それどころか、彼の発声や話法はダラダラしていてわかりづらく、二度、三度言い直しが入るため、内容が理解できない。聞いているだけで、イライラとしてくる。男性教員の表情は緊張のためか全く冴えない。生徒の自由な雰囲気とは好対照である。最前列に鎮座する数名の女子生徒だけがノートを取っている、といった〝授業〟だった。

「こりゃあ、生徒から批判されるわけだ」との思いを胸に、私は15分程度で教室を後にした。

〝授業〟終了後、彼と次のようなやりとりをした。

私「準備はしたの?」

彼「はい」

私「説明の練習はした?」

彼「練習？　練習するんですか？」
私「当然だよ。どうすればわかりやすくなるかとか、自分の説明にどれくらいの時間が必要なのかとか、やってみないとわからないじゃない」
彼「はい」
私「それから、自分の授業はビデオを撮って反省材料にしなさい。見れば自分の弱点や癖がわかるから」
彼「………」
しかし、彼は次の授業も練習なし、ビデオの準備なしのままで臨み、失敗した。生徒からさらなる批判を聞いた私は、また彼と話した。
私「生徒のこと考えてる？」
彼「はい」
私「じゃあ、なんで改善しようとしないの？」
彼「………」
私「プロ野球の選手でもさ、自分のプレーをビデオで確認して、練習して、試合に臨むでしょ。なんでやらないの？」

彼「……」
私「じゃあさ、君はなんで教員になったの？」
彼「……英語の面白さを伝えたくて」
私「あの表情で、あの喋り方で授業をしてて、誰が英語を楽しいと思うんだよ」
彼「……」
私「もっと、生徒のことを第一に考えて自分を高めろよ」
彼「……」

このやりとりの後、彼は私を「怖い」と言って避けるようになり、教員室の席にも座らなくなった。

「パワーハラスメント」や「ブラック企業」といった言葉が市民権を得つつある昨今、訴訟沙汰に怯える管理職は少なくない。

この状況は、教員として不適格な人材からの不当な要求に怯え、不適格な人材をプロの教員として教壇に立たせ続けてしまう危険性を孕んでいる。事実、この男性教員はそれ以降、年度末まで誰からも厳しい指導を受けることなく、ほとんど無意味な授業を続けたのである。

逃走する教員

やはり生徒は鋭いもので、そういうひ弱な教員をすぐに見抜く。前にも軽く触れたが、4月に始業して5月のゴールデンウィーク明け頃までには、判断の大勢が決すると言っても過言ではない。

すると、生徒は私語をしたり、内職をしたり、居眠りをするという効果的な時間活用を始める。この段階からのリカバリーは相当に難しい。

この段階に来て、教員側がどのようなリアクションに出るかと言うと、次の3パターンに分かれる。

1つ目は、既述した自己肯定と責任転嫁の論理を持ち出して、「聞かない生徒が悪い」と言い、何ら改善をしないまま一年をやり過ごそうと試みるパターン。

2つ目は、怒鳴る、テストやノート、提出物、授業態度などのチェックを厳しくするという強権統治・恐怖政治パターン。

3つ目は、真摯に自己の能力向上に取り組み、状況改善を目指すパターン。

悲しいかな、前二者が圧倒的多数を占めるのが現状だろう。

付け加えると、生徒が訳のわからない〝授業〟に対して反抗するということもある。この

在職者に占める病気休職者及び精神疾患による病気休職者の割合の推移

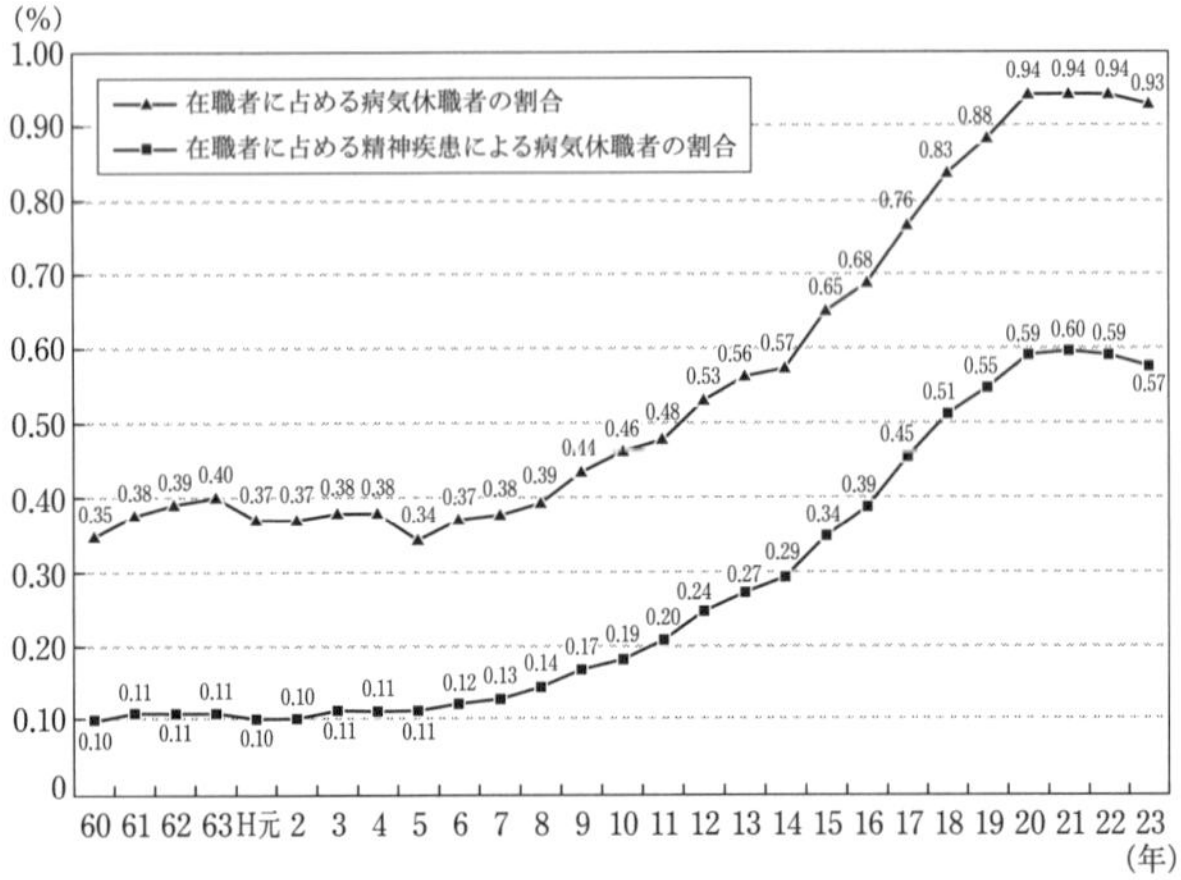

出典：「平成23年度　公立学校教職員の人事行政状況調査」（文部科学省）

場合、教師のリアクションも一つ増える。逃走である。

これには選択的なそれと、精神疾患を患って致し方なく陥るそれがある。

上図を見ていただきたい。これは、文部科学省が発表した、公立学校在職者に占める病気休職者及び精神疾患による病気休職者の割合の推移を示すグラフである。

一見してわかるように、増加の一途をたどっている。この傾向は、教員であれば誰でも知っている。

すると、現場教員は、できる限りそのような教員を生み出したくないという意識になり、特に管理職はその方向を強め、問題が起きないような舵取りを求め始める。すると、先輩教員から後輩教員へのダメ出しや指導という文化継承がなされず、ひ弱な教員によるひ弱な教育が拡大再生産されてしまうのである。

組織構造で強化されるマイナス査定の文化

マイナス査定の文化は、組織構造によって強化されている面もある。そのため、簡単には文化革命が起きない。

前述したように、教育界はピラミッド構造ではなく、鍋蓋式の組織構造をしている。これは、校長の権力が絶対的であり、副校長以下の管理職はほとんど発言権がないことも意味している。つまり、校長が保守であれば、マイナス査定文化は連綿と続くわけである。

そして、往々にして50代半ば過ぎの校長は、無事に引退することに執着しがちである。だとすれば、チャレンジをする必要などなく、問題を起こさないことを優先するのも無理はない。特に公立校であれば、退職後の褒章を視野に入れて、日々をつつがなく過ごそうとしている者も少なくない。これは教育界の常識である。

さらに、良くも悪くも教職員組合は弱体化し、管理職に対する抵抗勢力には成り得ていない。とすれば、ほとんどの学校教育現場が、極めて保守的にマイナス査定文化を続けていくことも納得できてしまう。

つまるところ、これまで列挙してきたような、教員の皮を被ったモンスター・ティーチャーがあなた自身を指導したり、あなたのご家族を担当したりする可能性は、極めて高いのである。

構いすぎの弊害

幼児教育において注意すべきとされるのは、構いすぎによる成長の鈍化である。例えば2歳ぐらいになれば、子どもは自分で食事をすることが可能だと言われる。だが、この段階でも親が食べさせてやることを続けると、成長が遅れるというわけである。

この構いすぎが成長を阻害する構造は、中等教育にも存在する。

よく見られるのは、成績不振の生徒に対し教員がこぞって手をかけて、取り組む教材やその順番を提示していく光景である。確かに、短期的には結果に繋がることもあるだろう。しかし数年後、その生徒の自主性が全く育っておらず、高校や大学を中退することも珍しくない。

具体例を挙げよう。

懇切丁寧な指導だと言われる、中年男性国語教員がいた。彼の指導は生徒から評判が良かった。それは定期テストで他のクラスよりも彼のクラスの成績が良かったからだ。

しかし実際は大量の暗記を強《し》いていただけ、定期考査の内容に類似した問題を類題として解かせていただけだったのだ。だから、予備校が作成する模擬試験では、そのクラスの生徒の成績は高くなかった。

彼の後任を務めたとき、私はひどく驚いた。生徒らが、極めて受け身で、学問への関心が全く育っていなかったからである。辞書を使う習慣すら身に付いていない。少なくない生徒から「国語は暗記科目でした」「国語はカモ（楽な科目の意）だと思っていました」と言われもした。

その時点から彼らに「学び」の意義や、学力とは何かという概念を伝え、前向きにしていくのは一苦労だった。

母親の過保護についても例示しよう。かつて担当した中学3年生男子のケースだ。

その生徒は雨の日はもちろん、晴れの日も母親の運転する車で登校をしてくる。もちろん、肉体的なハンディキャップはない。

彼は受験する高校を母親に決定してもらった。模擬試験を受け、成績が上がらないとなると逐一、母親からクレームの電話がかかってくる。一度は来校してひとしきり怒りをぶつけた後、「〇〇（息子の名前）をどうにか合格させてください」と涙しながら叫んでいた。数カ月後の受験で、その生徒は第三希望の学校に合格し、進学した。しかし、たった数カ月で退学することとなった。理由はストレスだった。

関係者は誰もが「母親が原因だ」とわかっていたが、どうすることもできなかった事案である。

私は課題を出し、フォロー体制を一旦整えると、口出ししたい感情を抑え、嫌われる覚悟で待つ。これは、彼らの〝未来〟を潰さないためである。

＊1　教育新聞2013年1月31日付より。
＊2　天笠茂『学校経営の戦略と手法』ぎょうせい、2006年、pp.101-102。
＊3　木村元・小玉重夫・船橋一男『教育学をつかむ』有斐閣、2009年、pp.43-45。
＊4　同右、pp.44,138-139。
＊5　佐藤学『教師花伝書』小学館、2009年、p72。
＊6　2010年にベネッセコーポレーションが行った教員生活の実態調査による。なお、小学校の教員においては10％しか管理職を希望しておらず、この値は小中学校ともに98年以降低下の一途をたど

っている。

＊7　文部科学省生涯学習政策局が刊行した「放課後及び土曜日の教育活動支援に関する資料」（平成26年1月17日）によると、「子どもたちの豊かな教育環境づくり」のための推進事業では、特別非常勤講師や外部人材、民間事業者等の活用を前提とした制度設計がなされている。

＊8　週刊朝日２０１３年10月25日号より。駿台予備校の竹岡講師の授業研修を１００名超の教員が受講していたとのこと。

＊9　この事件は、傷害と暴行の罪に問われていた元教員の小村基被告（懲戒免職）に対し、大阪地方裁判所が２０１３年9月26日、懲役1年・執行猶予3年の判決を言い渡し、一旦の終息をみている。

＊10　Barbara L. Fredrickson, Kenan Distinguished Professor, University of North Carolinaが「Positivity: Top-notch research reveals the 3 to 1 ratio that will change your life」（Random House LLC, 2009）において、人間はポジティブ感情とネガティブ感情では、１対３の比率でネガティブ感情を強く感じると述べている。

第2章　教師の技術

2－1　教師として持つべきプロフェッショナル意識

教育に遅効性などない

社会に必要な存在だと公的に認められているからこそ、教員は高い給料を手にすることができる。事実として、一般的な地方公務員の給与と教育公務員の給与では、後者の方が高く設定されている。

その教員に対する保護者の要望は、以下の2つに大別できる。

まず「社会に出たときに必要な知識・技能を身に付けてやってほしい」というもの。これは、中学・高校では、上位校への入試合格をも含んだ意味となる。つまり、その学校に通うことで多くの知識を獲得できたり、技能的成長が達成されたりするだけでなく、志望校への入学、あるいは志望する組織への入社・入職という結果に対する要望である。

これらの中にも、目に見えやすい「合格」だけを目標にする保護者・生徒、あるいは我が子の能力向上、自らの知識的成長など質的変化を大切にする保護者・生徒もいて多様である。いずれにせよ、卒業直前から卒業にかけての時期が、知識・技能の習得達成度に対する判断のタイミングとして重視されている。

こういった保護者や生徒の意識があるとわかっていながら、多くの教員、特に年配教員はしたり顔で、こんなことを言ったりする。

「教育は速効性のあるものばかりじゃない。私は彼らが卒業後に気付いてくれることを信じて教育実践をしているのだ」

「大人になったら私の思いがわかるさ」

などなど。

この学校教育が持つという遅効性については、この12年間、至るところで聞かされた。教師になる前のジャーナリスト時代も含めれば、20世紀末からずっと聞かされている。教員が書いた書籍にもよく出てくる。

私は、はっきりと言い切りたい。教育に遅効性などないし、仮にそのような現象があったとしても、それを教員側が言い出すのは倫理違反だと。

生徒たちはかけがえのない、「今」を生きている。その「今」から「未来」を切り拓いていく人生設計をさせるのが教師である。来るともわからない、いつの日かの気付きに期待して「今」を構築することなど、ただの逃げ口上に過ぎない。

もっと生徒心理に寄って書けば、学生時代にまともな交流をしなかった・できなかった教員の言った言葉や指導内容を、卒業後に思い出すことなどない。教員の名前すら忘れてしまうことが当たり前なのに、教員が行った、茫洋《ぼうよう》として効果尺度も見えない教育実践を振り返る生徒がどれだけいるだろうか。

さらに、次の時代を創っていく若い世代に対して、学生時代という過去を振り返らせようとすること自体がおこがましい。実際、社会人になってから自らの至らなさに気付くことは多いが、そうだとすると、高校卒業後たった10年以内に、中学・高校時代の〝教え〟を振り返れと言っていることになる。そんな後ろ向きな若者を育成したいのだろうか。

また、自分のことや自分の実践を思い出してもらえるという思考そのものが傲慢であり、プロフェッショナルの風上にも置けないと断じたい。

少なくとも私は、中学卒業後に、中学教員の言葉を思い出したことも、思い出そうとしたこともない。高校の教員のことは全く覚えていないし、高校時代の自分のことすら思い出したくない。

教育に遅効性があると仮定しても、多くの疑問が生じる。

その教育効果が表れるまでに教え子が心を病んでしまったら、どうするのだろうか？　その効果を認識したり、糧《かて》にすることなどできないのではないか？　また、卒業後に彼らが経験することや出会う人からの影響も考慮した上で、学生時代に行った教育の効果だと言えるのだろうか？　生徒らの人生の目標や求めるもの、価値観自体が学生時代とは変わらないと言えるのだろうか？

私には常にこのような疑問があり、言い訳教員の意見に賛同することはできない。

教育サービス業としての価値

教師には、生徒の「今」を徹底的に見守る覚悟と、「未来」を紡ぎ上げていくための最適解を提示する覚悟が必要だと考える。そういうスタンスであれば、生徒との交流機会は増えるし、卒業後にも連絡が取りやすい。

私は卒業生をボランティア活動に連れて行っている。今では総勢15名を超えた。目的地への道中、彼・彼女らが〝そのとき〟に抱えている悩みを聞いている。それは、高校時代のものとは明らかに質も分野も異なる。無論、数年前に私が彼らにしていたアドバイスなどは役に立たない。しかし彼らの過去を知っていることで、現在の悩みがどのように変化してきたのかわかり、彼ら自身の変わり難い部分と変わりやすい部分が把握できる。こういう情報をもとにアドバイスするので、「先生のアドバイスは有益だ」と言われる。

逆に言えば、このように情報をリニューアルすることと、過去の情報と照らし合わせることを抜きに、私は最適なアドバイスをすることができない。それ抜きだと、誰でも言えるような「いろんな人がいるから気にしないで」とか「気分転換が必要だね」とか「視野を広く持とうよ」くらいのことしか言えなくなってしまう。

これでは、私が設定しているプロフェッショナルとしての基準値には遠く及ばない。

私は、自分が一度担当した生徒で、その生徒が卒業後も引き続き交流を求めてくれるのであれば、プロフェッショナルの教師として、世界の誰よりも最適な解答を彼らに提示し続けなければならないと考えている。これが、プロ教師の責任であり、プロ教師が持つべき意識だと言いたい。

この前提に立ち、現役高校生の求めに応じるとなると、卒業時点での能力向上や結果の獲得は、絶対に達成しなくてはならない目標であることがわかる。言い換えれば、この段階での評価が、教育サービス業としての価値になるのである。

「いじめ」をなくす取り組み

もう一つ、保護者からの要望で多いのは、「日々意欲的かつ前向きに、充実した生活をしてくれること」というものである。

この中には、当然、いじめられないことや無気力にならないこと、不登校になったり不正行為に手を染めたりしないことが含まれる。また、いい出会いをしてほしいとか、かけがえのない友人を作ってほしい、ということも含まれるだろう。

ではまず、長年問題視されながらも決定的な解決方法が見出せない「いじめ」「学級崩壊」「授業崩壊」問題に向き合う教員に目を向けてみたい。

学級崩壊やいじめの研究の一つに、担当教員起因説がある。(＊1)

確かに私の実感としても、担当教員が実力者である場合、いじめや学級崩壊・授業崩壊(＊2)はほとんど発生しない。学級担任制であれば、担任を変更したら、すぐにいじめ行為が減ったという話はよく聞くし、教科担任制の中学・高校では、教員によって、生徒が真面目に話を聞く授業と集中できない授業が存在するという話もよく耳にする。

私は、授業が荒れるのは、教員が生徒の自己実現欲求や所属欲求に向き合わず、的確なコミュニケーションがとれていないからだと考える。裏返せば、生徒が自己の欲求と授業を結びつけることができ、心理的な安定感を抱きやすければ、授業は安定すると分析できる。

ここで、いじめをなくしたことで知られる「構成的グループエンカウンター」という手法を紹介しよう。

「グループエンカウンター」とは、学生が授業や行事など学校生活に関わる全ての場面において、本音を表現し合い、それを互いに認め合う体験を通じて、自分自身や他者を理解すること、生きる喜びや勇気をもたらすことを目的としたものである。

「構成的」とは、①活動をリーダーの用意した課題に沿って行う、②エクササイズの内容やグループのサイズを指定する、③エクササイズに取り組む時間を設定する、という意味である。

この実践では、例えば、中学生・高校生でも答えられるレベルの簡単な問いを数名のグループで話し合ったり、共同作業をしたり、他己紹介（クラスメイトの特徴・性格などについて、別のクラスメイトに向けて説明をすること）や伝言ゲームなどをしたりして、人間的な相互理解を深め、対人コミュニケーションへの心理的な障壁を減らすのだ。

どのような問いがあるかと言うと、「私の好きなこと」とその理由、行事などで自分が果たした役割、お互いのいい点・改善点といったものである。

共同作業としては、ペアとなった相手が支えてくれると信じて後ろに倒れるものや、目隠しをして視覚障がい者の状況を体験するものなどがある。

「構成的グループエンカウンター」には、このような活動が大量に用意され、それらを通じて「あの子にはあんな感性があったんだ」とか「彼女は愛よりお金に価値があると考えている」など、相互に理解を深めることができる。その結果、生徒同士が話しやすくなっていく。相手を知ること、あるいは共通体験があることで、未知の存在である他人への恐怖感が減って親近感が高まり、密なコミュニケーションが生まれてくるのだろう。

筆者のグループ活動の実践

私も高校の国語教師として、似たようなグループ活動を多用する。

直接の目的は、いじめ撲滅や相互理解ではないが、間接的にそうなればいいなと思い、プログラムを組んでいる。

具体的には次のような課題をグループで話し合わせる。

「あなたは臓器移植のコーディネーターです。あなたの許に、移植可能な臓器が手に入るという情報が舞い込みます。医学的に適合の対象となる患者さんは５名です。あなたは誰から順番に移植手術の意思確認をしますか？」

移植対象となる５名は、総理大臣、暴力団員、生徒と同年齢の学生、１００歳の高齢者、ボランティア活動家、世界的権威である研究者、企業経営者、無職者といった社会的立場と性別をミックスし、加えて、それまでの臓器移植手術経験の有無、重度障害の有無、収入、国籍、政治信条、宗教、言動、犯罪歴、生徒自身との関係などを掛け合わせて作り出す。もちろん、生徒の理解度や成長度に合わせて内容を変化させる。

生徒に「グループで統一見解を示してくれ」と指示を出すと、話し合いは50分の授業内では収まりきらず、休憩時間にも放課後にも意見が飛び交う。「家で母さんと話しましたよ」と満面の笑みで報告してくれた男子生徒もいた。

国語科としては、論理的思考と説得力のある話し方を身に付けさせることを狙った活動なのだが、これが生む副産物は見逃せない。

まず、このような話し合いを中核に据えたグループ学習は、生徒を授業に引き付ける。居眠りをする者、内職をする者、思考停止に陥る者が一瞬たりとも一人もいないという意味で、生徒の参加率は100％である。また前述したように、生徒間の交流が気軽なものへと変化していく。

さらには、生徒がクラスメイトの知らない一面を垣間見て、「あの子があんなにしっかりとした意見を持っているとは知らなかった。もっと話してみたい」という感想を聞くことも少なくない。

このような活動を繰り返すと、生徒同士の親近感が高まる。それは多くの場合、優しさを生む。

無論、ファシリテーター（進行役）である教員が下手な司会をやると、感情的な議論を抑えきれず、生徒間の関係を悪くすることもある。実際、後輩教員が私の実践を真似て話し合いをさせたことで、かえって雰囲気が悪くなったこともあったし、生徒がほとんど人間的な成長を示さず、人間関係が好転しないこともあった。

これらの失敗の多くは、教員側が話し合いの理想形を描けていないこと、自身にまともな議論の経験がないこと、他者の実践を表層でしか捉えられていないこと、生徒の議論や発言の内容を瞬時に判断し、適切な問いを発したり、他の意見と結びつけたりできないこと、などに原因を見出すことができる。

そして未熟な実践者は決まって、「まあまあの授業でした」、あるいは、「生徒の質があんまり高くなくて」という評価を下す。そういう言葉を耳にすると、怒りと寂しさの混在した感情が湧き起こる。

教師がつぶさに生徒の状況を捉え、生徒間でのいい交流が実現できれば、いじめや学級崩壊・授業崩壊などは起き得ない。仮に一瞬起きたとしても、沈静化できるレベルで抑えることが可能だ。

「不登校」への取り組み

一方で、不登校の解決は難しい。こちらが本気で向かい合っても「無気力感」を拭うことは非常に困難だからだ。

彼らの持っている不満や恐怖の原因が、彼らの中で明白であれば、それを軽減させたり、拭い去ったりすることで希望を見せられる。しかし、本人にも原因のわからない無気力感というものがある。この無気力感の根源を明らかにした上で、それを生徒と親と教師の間で共有し、打開策を見出し、実行するという作業は並大抵のことではない。

もしかしたら教育の守備範囲ではなく、〝医療の領域ではないか〟と疑い、通院を勧め服薬してもらっても、劇的には改善しないことが多い。

私自身、自分のクラスの生徒に、不登校からの退学という道を歩ませてしまった経験がある。生徒が退学すると決まった日、親から「この学校のせいです。中学時代は違った。明るくて活発な子だったんだ」と詰《なじ》られた。

その夜、先輩教師からラーメン屋に誘われ、「15年以上も積み上げてきた生活スタイルや性格、家庭事情に切り込むことは難しいもんだ。気にするな」と慰められた。奢《おご》ってくれた先輩に「美味《おい》しい」と嘘をつきながら食べた、苦くて不味《まず》いラーメンの味を私は忘れることができない。

数年後、その生徒には中学生時代から不登校傾向があったという情報を、同じ中学校出身の後輩生徒から聞かされ、少しだけ気が楽になったことを覚えている。

とは言え今でも、生徒自身も原因がわからない無気力型の不登校を改善する手法を、私が身に付けられているとは言い難い。この点は、これからも学び続けていかなければならない対象の一つである。

ただ、あのとき不登校の生徒に向き合う私の姿を見て、クラスの中には、「ジュンジ本気でいくやんけ(＊3)」と評価してくれる向きが現れた。クラス内に私という教員に対する肯定感と、それぞれの生徒が私のクラスにいてもいい、あるいはクラスの一員であるという安心感が広がったのだ。この評価や心理変化は嬉しかった。私の目には、生徒間、私との距離のどちらもが少し縮まったように映った。

この経験は、プロフェッショナルとして結果が出せずとも、結果を出すために最大限の実践をするべきだ、という確信を強めるきっかけになった。これこそ、プロフェッショナル教師が持つべき思想ではないかと考えている。

2－2　自己認識

自問の重要性

ただの「教員」が、「プロフェッショナル教師」になるためには、どうすればいいのだろうか？

ここでは具体的な方法を提示していきたい。

まずは、自己認識である。「自分はなぜ教師になったのか」「どのような生徒に育てたいのか」「生徒に将来、どのような社会人になってほしいのか」「どのような授業が理想なのか」「これらを達成するためにはどのような技術・知識が必要なのか」といった自問をし続けなければならない。

この自己認識について、前出の佐藤学・学習院大学教授は「自我の解体や職業意識の錯乱へと導く危ない問い」(*4)だと述べている。

端的に言えば、辛い作業だということだ。

本当だろうか？　私は過保護だと思う。

私は毎朝、毎晩自問する。

「私が教師などやっていいのか」

「私はなぜ教師をしているのか」

「教師として生徒にすべきことは何か」

これらに答えられないまま、教壇から勝手な振る舞いはできない。そんなことをすれば倫理違反だ。なぜなら、生徒に人生や哲学を問うのが教師であり、彼らの心理・思想・思考を大きく左右できてしまうのが教育活動に他ならないからである。

「将来、どんな大人になりたい？」

「他人はお前の行動をどう受け止めると考える？」

などなど、学校では教員が生徒の人生や哲学を頻繁に問う。生徒の側から自分が置かれている家庭事情などを吐露されることも多い。

さらに、

「なんで高校に行くのか、きちんと考えなさい」

「君のやった行為は、人間的なものだとは思えない」

など、人生の価値に抵触するような問いかけや判断をすることも少なくない。

プロフェッショナル教師は、このような行為を通じて、生徒らの心理・思想・思考に大きな影響を与える。

このような立場にもなり得る教育実践者が、自身に哲学の匕首《あいくち》を突き付けずして、なぜ若い世代の信頼を勝ち得ることができるというのか。

コーチではなくメンターを目指す――「師」の話

無論、そんなに生真面目なことをしなくても、技術や知識レベルが他教員よりも高ければ、コーチとしては形式上成立する。だが、教師は「師」なのだ。コーチのレベルを超え、メンターのレベルを目指すべきではなかろうか。

コーチにすらなれない教員が多数いるのは事実だし、平均的な教員しか知らない方は、コーチに大きな不満を抱くことはないだろう。しかし、教育業界にいて、「師」としてしか表現できないような先輩教師を知ってしまった私としては飽き足らない。

無常の世を生きていく不安の中、捉え難き自己嫌悪や自己不信と対峙しなければ息をすることも叶わない思春期を走り抜こうとするとき、支えとなる「師」がいるかいないかは人生の質を左右すると考えるのだ。

では、私が目指している「師」について語ろう。

私が小学校の非常勤講師として教育界での一歩を踏み出したとき、ベテランの女性教師であるT先生と出会った。

T先生は4年生の学年主任をしながら、新人教員の指導を担当、ご自身のクラスでは不登校の児童も受け持っていた。また、ご家庭では、3人のお子さんを育てる母親でもあった。それでいて口調は常に優しく、丁寧に教えてくださる方で、若手が落ち込んでいるのを見ると、すぐに駆けつけていって慰める視野の広さがあった。常に明るく前向きに授業や生徒対応をしていらっしゃっただけでなく、授業の腕もピカイチであった。両手で板書ができることにも驚かされたが、不登校の生徒、成績不振者、成績上位者全ての児童を満足させていることに目から鱗《うろこ》が落ちた。

ある日の放課後、Ｔ先生の教室を覗くと、児童が国語の授業のために自主的に居残り学習をしていた。しかも、クラス全員。皆、Ｔ先生と時間を共有できることが楽しくて仕方がないといった様子でキラキラ輝いていたことを覚えている。

「寝る時間はありませんね。３時間も寝られたらいいほう」

ある日先生が何気なくおっしゃったことを私は忘れない。学校では誰よりも元気で、誰よりも優しく、誰よりも質の高い実践をされていた先生が、児童のためにギリギリの闘いをしていたのだとわかった瞬間だった。それは同時に、Ｔ先生の教育行為にかける情熱の大きさに比べて、妥協を重ねていた自分の愚かさが露わになった瞬間でもあった。

そんな先生との交流で印象に残っていることが２つある。

一つは、１月下旬頃「以前の教え子に呼んでもらったんですよ」と慎ましい所作で見せてくださったその年の成人式の写真だ。そこに映るＴ先生はとても嬉しそうで、先生を囲む教え子の方々も晴れやかだった。小学校のときの教員を自分の成人式に招くなど、私の人生や周囲では聞いたこともなかった。先生の嬉しそうな笑顔が美しかったことは、私の胸に強く焼き付いた。

もう一つは、引退された後に何気なくおっしゃった一言だ。

「他の先生方と一緒に子どもたちを成長させられた、という達成感を味わえたことが教員生活で一番嬉しかったことですね」

どこまでも協調的で、教育的であったことに心が震えた。

引退後、そのように教員人生を振り返れたらどんなに幸せだろうと、私は思って止まない。

余談だが、T先生は今でも、ご自身が担当された生徒で、社会とうまく接点を見つけられずに苦しんでいる子を温かく支え続けていらっしゃる。

2－3　説明・解説

練習をしない教員

説明・解説抜きに授業を成立させることは、ほとんど不可能に近い。また教育界であろうがなかろうが、生徒が社会に出たときに必須のコミュニケーション技術の一つが説明である。

だから教員は、説明・解説の技術を向上させておく必要がある。

こんなにわかりやすい状況や背景があるにもかかわらず、教員の多くは説明・解説の練習もせずに教壇に立っている。

私はよく新人教員に向かって「ちゃんと家で練習をしてから授業に臨め」と言うが、大概、次のような答えが返ってくる。

「練習？　授業をするのに練習するんですか？」

私は「プロ野球の選手でも、Ｊリーガーでも練習して試合に臨むだろう。授業もそれと同じだよ。せめて授業の導入部分だけでもいいから、練習するもんだ」と続ける。

このやりとりを、相手を変えながら何度繰り返しただろう。

私は、練習をせずに教壇に立ったことはない。練習なしに授業に臨むなどという傲慢さを捨てるぐらいの謙虚さは持ち合わせているし、そもそも、練習なしに自分の説明力が生徒の満足度に達することは考えられない。生徒指導として、どうしても生徒を叱責しなければならないときなどは、〝叱る練習〟すら行う。

では、具体的にどのような練習をすれば、説明・解説の力を伸ばすことができるのだろうか？　私や、私の後輩が実践して成功した例を紹介していく。

①繰り返し練習すること

前述したように、まずは繰り返し練習することに尽きる。

授業での説明・解説は、漫才のネタや演劇の科白《せりふ》のように、話す内容が決まっている。だから、練習をすればするほど向上すると言い切れる。

ただし、これを50分の授業全てに対して行うべき、とまでは言わない。確かにそれが理想だが、現実的には不可能だからだ。

例えば、中学・高校の教員は、授業時間中の業務として週14〜17コマ程度の授業(*5)を担当し、2〜3コマ程度の会議に出なくてはならない。

これに加えて分掌業務と言われる担任、教務、進路、入試、生徒指導などの仕事が入る。具体的には、進路指導のための学校調査、推薦書の執筆、入試問題作成、生徒募集のための営業活動、行事の準備、避難訓練の準備、道徳やホームルームで話すべき内容の調査・準備などである。

さらに、部活動の顧問の仕事として、事務作業や練習メニューの策定などがある。

その上で、生徒の質問対応や問題行動に対する指導、体調を崩した生徒への対応、保護者や業者への応対というものが飛び込んでくる。

すると、午前8時過ぎの始業から午後4時過ぎまで、50分連続の空き時間を作ることは不可能となる。

それ以降の時間も部活動の指導に当てられるため、授業の準備は教材研究で精一杯というのが実態である。つまり、教材研究後の、授業方法の構築や練習などは残業時間に追いやられ、仮に50分間全てを練習しようとすると、睡眠時間を大幅に削ってやることになってしまうのである。

これを全ての教員に求めるのは現実的ではない。そうだとすれば、次善の策として重要な部分だけを練習の対象とするという方法が浮上してくる。

重要な部分というのは、A：生徒の多くが躓《つまず》く内容、B：教員が重要と判断する内容、先に書いたC：授業の冒頭部分、D：授業のまとめの部分である。

下手な説明は生徒の人生を左右する

特にAについてお粗末な説明がなされると、生徒がその科目自体に嫌悪感を抱いたり、その教員の実力を見限ったりする誘因となってしまう。

私自身、中学2年生まで理科が好きで成績も悪くなかったが、担当教員の訳のわからない化学式の説明が原因で理科という科目から遠ざかり、文系に転向をした経験がある。あのまま化学に嫌悪感や苦手意識を持たなければ、今頃エンジニアとして生きていたのではないかと思うほどだ。

プロの教師であれば、下手な説明・解説が、生徒の人生の選択を左右してしまうという危機意識を持って、シンプルでわかりやすく話せるよう努めなくてはならない。

また、下手な説明しかできない教員を生徒はすぐに見限る。それは塾講師という比較対象が存在することや、お笑い芸人やテレビの司会者の話し方を常日頃、見聞きしているためである。そんな現状を受け入れられないロートル教員は、こぞって「学問は違う」とか「学校は違う」「生徒は教員の話を聞くのが当然」と嘯《うそぶ》く。

これらの音声は私の耳に、不快なノイズとしてしか聞こえてこない。経営学の観点に立てば、マーケティングの完全無視を宣言したに等しい。

美味《うま》いラーメンを出していれば、値段が高くとも、店の立地が悪くとも、店員が無愛想であっても客が振り向いてくれると信じる思考形態に他ならない。甘い。そんなスタンスで教育や学校が成立する時代はとっくに終わった。少子化時代を突き進んでいるのが現在の教育界であり、高付加価値を追求しなくては生き残れない時代なのである。

また、ロートル教員は、生徒の反応や理解度に目を向けないため、自己の実践に関するフィードバックもできていない。

つまり、言い訳ばかりしている教員は、自分だけが美味しいと感じている独善ラーメンを作り続けている哀れな料理人と同じなのである。

この状況に強い憤りと落胆を隠せない私がいる。

独善ラーメン屋であれば、客が離れ、店が廃業になるだけで済む。しかし教育は違う。何よりも若い世代の思想や思考に強い影響を及ぼすからだ。さらに高卒・中卒という公的資格の認定機関であること、学校で教育を受けるのは当たり前で、学校に行かない生徒は問題があるというような文化背景も無視できない。その上、教育活動は団体戦であり、公立学校であれば経営破綻もない。このように守られた職業・組織である点も他業種とは異なる。逆に、これだけ守られているからこそ、低次元の実践を繰り返しても〝公的機関〟〝社会人〟として成立しているに過ぎないとも言える。

私の怒りは、この構造の恩恵を享受しながら、それに気付かないまま、するべき努力をしていないことに対するものだ。

練習をすれば、発声し難い単語や声を大きくすべきところ、繰り返し話すべきところ、よく噛んでしまう部分などがわかってくる。

声を出して練習していないと、1コマ目の授業で素っ頓狂な声が出てしまうこともある。これが授業の冒頭や、重要な部分で出てしまうと授業全体に影響を及ぼす。もちろん悪い意味でだ。

だから練習は、プロ教師であれば必須だと言えよう。

②客観的に長所と短所を理解し、短所に焦点化して改善する

日本の授業研究の質は世界有数であり、授業の実践記録も世界で最も多く存在すると言われている。ただ、その記録は、生徒と教員のやりとりを一問一答の形式で書いたものがほとんどで、説明・解説の内容はわかっても、どのように話したかまではわからない。

単純化すれば、ものすごくわかりやすい説明の文言であったとしても、ボソボソと喋ったのでは生徒はわからないし、平板なイントネーションで話したのでは生徒の集中力は低下して記憶に残らないということが起きる。

説明・解説では、語彙の選択、発声、イントネーション、声量、速度、抑揚、繰り返しな

どの強調表現、話すときの立ち位置、話すときの表情など、チェックすべきポイントが多々あり、これらの中で自らの苦手な部分を中心に反省しなければ技術は伸びない。

だから、自分が行った授業の動画を撮影して確認すべきなのである。そうすることで、自分の動きと声が合っているか、全員に届く声量・速度で話せているか、一文が長くわかり難い説明・解説になっていないか、などが冷静に分析できる。

このように自分の能力を正確に理解することが肝要であり、見つかった弱点を一つずつ潰していかなくてはならないのだ。

私は未熟練教員に対し、説明・解説では、長所を伸ばすよりも弱点部分の補完を優先するよう指導する。読者の方々も授業や講演会で「えー」とか「あー」といった口癖を聞いたことがあるだろう。これが何度も続くと耳障りであり、一度気になり出したら話の内容よりもそちらに注意が行ってしまう。私も話し手の口癖が気になる学生だったので、よく「えー」の回数を数えていた。この点については生徒の多くも同意してくれる。

このようなマイナスの口癖も、客観視と弱点に焦点を当てた練習で大幅に改善できる。

何を隠そう私自身、自分の授業を1年間全て撮影し、それを何度も見て弱点部分を意識し、練習を繰り返すことで改善させた一人である。今でも授業を全て録画して反省に繋げている。

このような改善努力はプロとして当然のことであり、しないことの不利益は生徒が被るのだということを肝に銘じておきたい。

③緊張感のある練習と学び合えるチーム作り

一人で練習を繰り返したり、録画を見直したりすることも成長には効果はある。だが、それ以上に、緊張する授業実践を多く経験したり、教員同士が学び合ったりすることが重要である。

ここで思い出していただきたい。小学校の先生と高校の先生では、どちらが授業が上手だっただろうか？

教育界では、授業力に関して高校教員は小学校教員の足元にも及ばないと言われる。なぜそのような差が生まれるのかと言えば、研究授業など研鑽を行う場があるかどうかが見過ごせない。

国立教育政策研究所が2010年に発表した「校内研究等の実施状況に関する調査」によると、「学校の質の高さ」と相関するのは、①校内研究のための全校組織を設置している、②学校として一つのテーマ（研究目標）を設定している、③教科会や全教員で指導案を検討している、④先行授業（ある授業について、その内容を高めるため、前もって別の生徒を対象に同内容の授業をしておくこと）や模擬授業（教員の授業力向上や授業の質を高めるために、教員同士で行う授業のこと）を行っている、といったことだが、中学校では、小学校に比べていずれも実施率が低いと指摘している。

高校については、校内研究や授業研究に関する取り組みが低調で、「学校の質の高さ」との相関が見出せないので、取り組むこと自体を促されているレベルである。

なお、同分析における「学校の質の高さ」とは、①教員間のコミュニケーションが十分である、②授業の水準が高い、③学力が同じ地域平均に比べて高い、④学力が全国平均に比べて高い、の4項目である。

同調査を読んで、校内研究以外で私が気になったのは次の項目だ。

「毎日校長が校内巡回をしている割合」についてで、小学校65・4％、中学校54・7％、高校（公立）30・7％、高校（私立）24・7％となっている。

先輩教員に当たり前のように授業を見てもらえる小学校教員と、閉鎖空間で王様として振る舞えてしまう高校教員では、技量の伸びが異なっても何ら不思議はない。日々、緊張感や客観的視点を持って授業に臨んでいるかどうかは、その後の成長にとって大きな意味を持つだろう。

ではなぜ、高校教員は研究授業、公開授業、授業参観などに対して前向きでないのか。

まず、部活動で平日は毎日平均3時間、さらに土日も拘束されることが多いという時間的制約があり、それによって大量のエネルギーを奪われて前向きになれないという声が多い。

また、教科担任制というシステムのため、他教科の教員に授業のアドバイスをもらう意味が見出せず、教科ごとに勉強会を行えば事足りるという声も聞こえてくる。

私には、どちらもただの言い訳にしか聞こえないが、教育界ではこれが罷《まか》り通っている。

なぜ私が〝言い訳〟と断じるかと言うと、日々授業をしているのだから、それを公開すればいいだけじゃないか、と考えるからである。

何もスーツに身を包み、十分な準備をした上で公開しなければならないというわけではない。逆にそのような非日常性を持ち込むと公開の意味があまりなくなってしまう。生徒側もいつもと同じ状況かどうか疑わしい。

人は作業をするにあたり、一般に注目されることを好み、特別扱いを受けるとさらに効果を上げようとする傾向があるという（ホーソン効果）。

日々の実践を気楽に見合い、助言し合う空間が成立することが、教員の伸びに直結すると声を大にして言いたい。

例えば、さいたま市の小学校では、新人教員の授業に指導教官が週一回の頻度で貼りつく。そして放課後に振り返りをするという。

その効果か、私が見学させてもらった新人男性教員は、秋の段階で新人とは思えないほど、安定した授業運びをしていた。

また、進学実績の高いある私立の進学校では、新人教員の担当する時間割に先輩教師の授業見学を組み入れているところもある。こういう地道で堅実なやり方こそ、教員の技量向上に直結するのである。

さらに、保護者に向けた授業参観もどんどん開催すべきである。大人の視線に堪えられない教育実践など、実践の名に値しない。

教師は、プロフェッショナルとして子どもたちを伸ばす実践を提供しなくてはならない。特に中学・高校では、学校を卒業してすぐに社会に出ていく生徒もいるので、社会を構成する大人の視線を意識することが不可欠であり、その視線に堪えられるだけの実践を提供すべきである。

2—4 指示

指示は短く

戦後教育界を席巻した最大のムーブメントと言えば、「教育技術の法則化運動」である。同運動の波を起こした向山洋一らがプロ教師に求めた重要な技術は〝指示〟だった。児童・生徒をカリキュラムに沿った形で動かし、知識・技能を習得させるには明確な指示が必要である、というのがその根拠だ。だから、彼らは効果的な指示方法を全国から集め、誰でも使えるようにすることを目指した。

この活動は、教員たちの福音となった。彼らの良しとする指示をしっかり理解して実践すれば、クラスの生徒全員に跳び箱を跳ばすことができたり、算数が苦手な児童が80点、90点を当たり前に取ることができるようになったからである。このような〝指示〟重点化の方向には私も賛同する。(＊6) 指示はわかりやすい方がいいに決まっている。

同運動で取り上げられた代表的な指示として、効率よく掃除をさせるために「掃除をしなさい」でなく「教室をきれいにします。ごみを10個拾いなさい」というものがある。(＊7)

では、どのように指示の能力を向上させればよいのか？

これも説明・解説と同様、まずは生徒に届かなければ意味がない。だから、音として聞こえやすいとか、文章としてわかりやすいというのは最低条件となる。そのための繰り返し練習や客観的視座を持った振り返り、プロ教師からの批判を受け入れることは当然必要となる。

指示は、短い方がいい。長ければ長いほど、受け手の理解度が落ちるからである。だとすれば、情報を短い基本の鋳型に当てはめることで、質的低下を避けることができる。

具体的には、A：主語（誰が）、直接目的語（何を）、間接目的語（〜に）、述語（どうする・どうした）、B：時間（いつ・いつまでに）、場所（どこで）、C：条件（誰と、禁止事項、前提確認、次の展開への繋ぎなど）を明確にした上で、短文の指示をすればよいということになる。

この短文であるということは極めて重要で、優先順位の低い内容、不要な情報はどんどんそぎ落としていく。特に主語は生徒であることがほとんどなので、割愛することが多い。

例えば高校国語の授業で、①音読、②読み方がわからない単語に印をつける、③語句の意味がわからない単語に印をつける、④読み方調べ、⑤意味調べ、⑥段落ごとに100文字で要約する、といったことを求めるとき、一文で指示してはいけない。

具体的には「3分間で教科書の11ページを音読しながら、読み方や、意味がわからない単語に印をつけていこう」と一旦指示文を切るのだ。

続いて、「それが終わってから、読み方、わからない単語の意味調べをしてください」と再び文を終わらせる。そして、「ここまでで合計15分」と締め切り時間を明示する。

最後に「それも終わってしまった人は、各段落をそれぞれ100文字で要約して、原稿用紙にボールペンで書いてください」と指示する。

このような指示出しが基本である。

だが、これを基本として理解するのと同時に、一回の指示で全ての人間が理解できるという考えを捨てるべきである。

生徒側の理解度を確認し、繰り返しや言い換え、喩え表現を用いる、また児童・生徒の成長度、知識レベル、経験値を確認して言葉などを補えば、生徒から「何をすればいいかわからない」という不平が出てくる可能性は低くなる。

この指示の技術を使いこなすために、頭の中だけで考えるのではなく文字化することをお勧めする。この作業によって、頭の中にある情報を的確に伝えるのは大変難しいことと、自分の癖がわかるからだ。自分がいつも伝え漏らしてしまう情報の領域がわかれば、そこに意識が向く。そして先ほどのＡ、Ｂ、Ｃの鋳型を使って指示を作り直せば、大きなミスは避けられる。

指示の完全コピー

一方で、指示の上手な先人の言葉をそのまま使う、という方法もある。向山らの法則化運動が求めたのはこのレベルだったが、ここには重大な陥穽《かんせい》が存在する。

確かに熟達者の指示は短くて明快なので若手でも盗みやすい。私自身、それを使ってうまくいった経験が何度もある。だが、完全にコピーして盗まなくてはならないという点を多くの未熟練教員が見逃す。つまり、適当にざっくりと盗んでくるのだ。

これでは、言葉の隅々までケアしていた先人の意図は伝わらず、生徒から質問や不平が出る。だが、未熟練教員は盗んできただけなので、詳細な理解をしておらず返答に苦慮する。この状況はクラスの空気を冷えたものに変え、それが数度続くと「あの先生は何を言っているのかわからない」となる。

このように、教員側が自らの指示がわかり難いことに気付かないまま指示を出し、その結果として生徒の行為や思考が教員側の求めるレベルに到達しなかったとき、両者の間には溝が生まれる。この状況で師弟関係など構築できるはずがない。多くの場合、その時点で生徒側の〝値踏み〟作業が終了し、その教員は生徒の人生における一風景やノイズ発声器に成り下がるからだ。

せいぜい、人の良さで関係を繋ぎ留める〝いい先生〟に着地するのが関の山と言えよう。たとえ完全コピー型の指示を身に付けたとしても、やはり相手の理解度や成長度、知識レベルの把握は必要である。前述したように、受け手の状況・状態を考えて、語彙を選択したり、言葉を補完したりするのがプロフェッショナルだからだ。この観点を抜きに、効果的な指示言葉は出てこないはずである。

かつて次のような指示を出した同僚教員がいた。

「明後日、保護者会参加意思表明についてのプリントに、出欠の丸印を付け、保護者のハンコを押して持ってくること。提出は朝礼時、私に直接手渡すこと」

明後日、数名の生徒がプリントを忘れてきた。その教員は「あの子たち馬鹿じゃないの。ちゃんと伝えたのに」と職員室で憤っていた。このような光景を一年間で十数回目撃しただろうか。

高校生だから、一度伝えたらそれくらいのことはできてほしい。だが、一度の指示ではできない、という現実もあるのだ。だとすれば、なぜできないのか、という分析が必要だろう。

私なら生徒に手帳を持たせ、そこに書き込ませる。次に、期日前に持ってきた者を褒め、感謝する。期日通りに持ってきた者にも礼を言う。それでも忘れる者には、掌にボールペンで書け、とアドバイスする。それでもダメなら、その累犯者を回収係兼提出係に任命し、責任を持たせる。それでもダメなら、自宅まで取りに帰らせる。悪質な場合は叱る。このように6段構えくらいで手を打つ。

そうすると、少しずつ改善していくものだ。少なくとも、年間を通じて成長しないというような状況は避けられる。

指示のタイミング

他方、指示のタイミングという観点も重要である。

よく目にするのは、プリントを配ってからの指示や、1つ目の指示に同じような重要度の指示を次から次へと加えていくやり方である。

こういうことをする教員は、情報の受け手側の心理が全くわかっていない。プリントを配られればその内容を知りたいと思うし、知りたいときはそちらに集中したいと思うだろう。

したがって、プリントを配った後の指示、さらにそこに新たに追加された指示が理解できず、モチベーションを低下させてしまうこともある。教員はこういう前提の下で、指示タイミングを模索すべきである。

また、アスペルガー症候群傾向やＡＤＨＤ（注意欠如多動性障害）の傾向がある生徒は、2つ以上のことを他者のペースに合わせて行うのが苦手である。こういう観点からも、指示のタイミングや指示内容に集中できる状況を作ることは重要である。

この場合「今から2つのことをしてもらいます」と前置きを入れれば、心の準備ができる。また「まず○○を、次に△△をやってください」と指示をすれば、混乱を避けられるだろう。

教員は、同時に2つ以上の指示を出せる成熟度・理解度が生徒にあるか、精査する必要がある。これはマーケティングと言えるし、生徒心理理解、あるいは生徒能力理解と言い換えてもいい。いずれにせよ、情報の発信面だけに着眼した指示は改めるべきだろう。受け手が正確に理解できて初めて、指示は意味があるのである。

２−５　指名

指名の意味

「ええと、今日は13日だね。じゃあ出席番号13番の人、読んで」

昔懐かしい指名方法の光景である。これ自体を否定する気はないが、この手法しかできないのであれば、やはり残念な教員としか言えない。

その理由は、生徒の状態は常に変化しており、年に数回以上はそれぞれの生徒が成長のチャンスを迎えているにもかかわらず、規則的な指名だけでは、そのチャンスを逃してしまうからである。

もちろん、生徒の心理や教科内容に対する理解、クラスメイトや教員との人間関係が常に一定であれば、前述のような規則的な指名だけでも問題ないだろう。しかし、これらが一定などということはない。

その一方で、生徒がキラキラし始めることが年に数回ある。そのタイミングを逃さず指名したり、アドバイスをするなどして、生徒の向上心に応えるのだ。それによって彼らが成長したり、自信を持ったり、その教科が好きになったりする効果がある。だから、常に規則的な指名をするわけにはいかないのである。

ただし規則的に指名していたのに、それを突然崩せば、生徒に余計な勘繰りを生んでしまう。「寝ていたから指名されたに違いない」とか「依怙贔屓《えこひいき》だ」といった類のものだ。そこで私は、基本的にランダムに指名して、指名した数をチェックするようにしている。

無意味な指名

生徒に人気があるという若い男性教員の授業を観たことがある。クラス中に活気があり、生徒は前向きだ。しかし、時間が経過するうちに私は不思議なことに気付いた。少し高度な問いでは、常に固定メンバーを指名するのだ。逆に、平均的な難易度の問題でも、全く指名されない生徒が数名いた。それでも50分の授業は熱気とともに終了した。参観した他の教員は、口々に「すごい実践でしたね。高校生があんなに活き活きとする授業があるんですね」と言っていた。授業者の男性教員も悦に入っていた。

外向けの公開研究会だったから、見せたくないところを隠したのかなと私は受け止めたが、あの実践を日常でも繰り返していたら、それは罪である。指名行為は平等であるべきだし、挙手できない生徒の声を拾うこともプロの義務だからだ。

元々その科目が得意な生徒が模範的な解答をしたところで誰も伸びはしない。特に授業時間の終わりに近づくと、時間内に予定を終了させるべく、賢い生徒を指名してどうにか着地を成功させるというのは、よく見る手法であり、私も若い頃使ったことがある。効果は全くなかった。あの時代の生徒に会うことがあったら謝りたい。教員側の都合を優先しただけの授業だったからだ。

その無意味さに気付き、指名方法を模索した結果、平等なランダム指名を軸に据え、必要に応じて他のやり方を用いるのが適切ではないかと今では確信している。

規則的指名にもメリットはある。

先ほどの例であれば、出席番号13番の生徒はその授業で指名されるだろう、という予想が立つ。すると、責任感が生まれ、予習をしてきたり、授業への集中度が上がったりするなどの効果が得られるのだ。これは席順で指名していくやり方でも同様の効果を持つ。また、平等性を重んじた指名になり、教員側も記憶しやすいので生徒側から文句が出難い。

だが、規則的な指名方式には、負の側面もある。先ほどの例で言えば、12番の生徒の集中度が緩む可能性があるのだ。

この両面を理解し、自らの授業力を分析した上で、生徒の突発的な事態への対応力が弱いと感じるのであれば、基本的に規則的な指名方式を採用して、時折、ランダムに指名するというやり方がいいのではなかろうか。

私も若い頃は、生徒の意見や疑問、感想などを聞くときはランダム指名方式を使い、入試の過去問指導や漢字の答え合わせのときは規則的指名方式というように使い分けていた。

2－6　発問

発問と質問

教員は発問が大好きである。

その前に〝発問〟という耳慣れない単語の説明をすべきだろう。

教育業界では〝発問〟と〝質問〟を概念的に分けて捉える。これを知らない教員は教員免許を返納した方がいい。

〝発問〟と〝質問〟それぞれの定義だが、発問は〝発する側が解答をわかっていてする問い〟、質問は〝発する側にも解答内容が（具体的には）予想できない問い〟とされている。

例えば、「3×6は？」という問いが発問で、「夏休みはどのように過ごしていましたか？」という問いが質問である。

さて、どの授業研究を読んでも、「この発問が素晴らしい」とか「発問がわかり難い」といった分析が書かれている。確かに同じ教材を用いていても、発問によって生徒の思考対象が大きく変わるので重要である。

『走れメロス』を教材にしたケースで考えてみよう。

一般的に、「なぜメロスは走ったのか」とか「メロスが最後まで走り切れたのはなぜか」と教員は生徒に発問する。この発問を受けて、生徒が「セリヌンティウスとの約束を守るため」とか「友情」「信頼に応えるため」と答え、授業は綺麗に着地する。

これが「メロスは本当に走ったのか」という発問になると、物語の印象や主題は一気に様相が変わる。実はちゃんと計算すると明白なのだが、メロスが単位時間当たり均等に進んでいたとすると、その速度は徒歩レベルなのである。(＊8) あるいは、走っていたとしても、休憩時間を相当長く取ってしまった結果、焦って走ったという読み方をすることもできる。

すると生徒の中には、『走れメロス』であって『走るメロス』や『走ったメロス』ではないことに着眼したり、太宰の計算ミスを指摘したりする者が出てくる。

あるいは、「なぜ原本の最後にある『古伝説とシルレルの詩から』という一文が教科書には書かれていないのか」という発問をすると、「太宰の独創性を確保したかったのではないか」といったように、教科書作成者の意図を考え出す者が出てくる。

このように、発問一つで読解の到達点が大きく変わるため、教員は発問をなおざりにしてはならないのである。

新たな発問の開発は無意味

そこで大学の教員養成課程では、発問だけに着眼した授業案の作成が行われ、純粋無垢な教員志望の大学生には「授業において発問は重要だ」という意識が刷り込まれる。教育実習に行っても、指導教官から「あの発問は良かった」とか「もっと発問を練った方がいい」との助言をもらう。こうして発問至上主義が形成されていく。

しかし、未熟練教員にとって発問の開発は重要ではないと言い切れる。そんなことを考えるくらいなら、先に別の技術を身に付けた方がいい。

その理由は次の通りである。

まず前述のように、未熟練教員は教科書に付いてくるアンチョコを参考にして授業を構成する。そのアンチョコには、先人たちが積み上げてきた発問が掲載されている。それも大抵の場合、複数個載っている。

また、数学や物理学では、一介の中学・高校の教員が考えた問いなど傍迷惑にしかならない。英語や国語でも文法分野では同様のことが言える。なぜなら、すでに公式化されたものについて、生徒に新たな知見を求めることが有益な結果を生むとは考え難いからだ。

これらの理由から、未熟練教員が発問を一から考える必要などないと断じることができる。

さらに、これまた前述したように、我が国には先人たちが葛藤・研鑽した上で残した無数の授業実践記録が存在する。これは他国にはほとんど見られない宝の山である。この有益な古典を学ばずに、20代の教員が自力で、先人を超える発問を生み出すことはほぼ不可能と言っていい。

同時に、先人の実践を軽視することは、教師としての職業上のマナーに反すると私は考える。なぜなら、我々の仕事の大部分は、日本の伝統文化、歴史、古典、先人たちが紡いできた倫理観・道徳律などを伝えることだからだ。その仕事内容を理解していながら、自分の専門分野の有益な古典的記録を手に取らないのは、完全に矛盾した行為だと言えよう。

例えば、明治時代の師範学校で使われた、教員養成科目の教科書である『明治十九年改正教授術』には、教育の目的として次のように記されている。

「人類をつつがなく成長させ、生徒の能力を発達させ、これを通じて思想や技能の力を身に付けさせるものである」（意訳。以下同）。

また、教授法の十原則というものを挙げ、その中では「生徒が持つ平常の観察力を理解し、彼らが学習すべき真理を、教員自らが考え、順序立てて」と、生徒状況を把握することの重要性や、「生徒が自ら疑問を持ち、自主的に研究する気持ちを起こす」べきだと、今日《こんにち》求められている〝自律的な学習者〟であることの重要性が述べられている。

このような有益な古典があることも知らずに、一人で悩んでいる教員がどれほどいることか。その姿はミクロで見れば憐れだが、マクロで見れば滑稽で傲慢だと言わざるを得ない。なぜなら、やるべきことの答えは先人が記してくれていて、現在でも大きく変化していないと言えるからだ。

では、発問について全く考えなくていいのかと言うと、それもまた違う。発問の選択については、新人であろうと考えなくてはならない。ただ、発問について考える前に、徹底的に教材を研究し、担当する生徒の状況や状態と照らし合わせ、最適な発問を選択するという順序が重要なのである。逆に言えば、教材について緩い理解しかしていない者や生徒理解の甘い者が作った発問など、なぞなぞ程度の教育実践にしかならないのだ。

発問の作成

仮に発問を作成する段階に到達できたとして、どういう考え方で作ればいいのだろうか？私の場合、50分間の授業で、最小でも13個の発問を作って教壇に上がる。

まず、最初に提示する命題とも呼べる大きな発問がある。2つ目の発問は、1つ目の発問に対して生徒の反応や理解が良かった場合、中程度の場合、理解の度合いが低いあるいは反応が鈍い場合でレベルを変えるため、ここまでで計4個となる。同様に3つ目の発問も、2つ目に対する反応レベルに合わせてそれぞれ3分割されるため、合計13個となるのだ。

50分授業を2コマ連続で行う場合は、次の段階に進むと想定し、最低でも40個の発問を用意する。

では、どのように2つ目以降の発問レベルを設定すればいいのか？

簡単なのは、想定する生徒を替えるという方法だ。つまり、生徒の反応や理解が良い場合は、その教科が最も得意な生徒を想定し、彼が1つ目の発問に対して答えそうな内容を思い浮かべ、そこからより深まる問いを考えるのである。中程度の場合は、クラスの平均的な学力の生徒を、理解の度合いが低い場合はその教科を最も苦手としている生徒を想定する。そして問いの内容について、具体化するか抽象化するか、総合的に聞くか部分的に聞くかを勘案するのだ。

このやり方では、最終的な到達レベルに差異が出るのではないか、あるいは準備が大変なのではないか、といった質問を受けることがある。

前者については、確かに差異は出るが、文部科学省が求めるラインを下回る結果になったことはないと分析している。本音を書けば下回るわけがない。なぜなら、生徒の実状に寄り添った問題提起をするので、心理面でも理解の面でもカバーできる生徒の数が大きく増えるからだ。

教壇に立って彼らと対峙すると、彼らの理解度や意欲などが手に取るようにわかる。もちろん学びから〝逃走〟しようとしているかどうかもわかる。それが一人だけか、全体に波及しつつあるのかも感じ取れる。

私は、そうして感じ取った生徒たちの状況と設定目標を繋ぐ。そして、そのライン上で最も効果的だと考えられる発問をするのである。このとき、生徒たちの理解や関心が低くなるような状況も想定し、次の一手を用意している。そのため文科省が求めるラインを大きく外れたり、下回ったりすることはないと言える。

発問設定をするとき、いつも思い出す光景がある。

まえがきでも触れたが、小学校２年生に国語の授業をしていたときのことだ。

私は指導書と教科書をさらっと読み、発問について熟慮するわけでもなく教壇に立っていた。勢いと人心掌握術でどうにでもなると過信していた。授業開始３分ほどのタイミングで児童に発問を投げかけたときだった。いつもニコニコしていて明るく、休み時間には「先生、先生」と駆け寄ってくれていた女児から、「何喋ってるか、わかんないよ！」と言われたのだ。

背筋は凍りつき、コメカミを冷や汗が流れた。そのあとの42分間、自分が何をしたのか、何を喋ったのかも覚えていないほど動揺した。逃げ出せるものなら逃げ出したい、戻せるものなら時間を巻き戻してほしいと願っていたことだけを記憶している。

この失敗は、自分の傲慢さゆえに起きたことだと今では分析している。学生時代から国語が得意科目で、ジャーナリストとして言葉を商売の武器にしてきた自分が、国語を教えられないはずがない、という傲慢さ。その瞬間まで、先人の授業実践記録があることすら知らなかった。今あの生徒たちに会うことがあれば、心から謝罪したいと思う。

あの「何喋ってるか、わかんないよ！」という一言は、私の教員としての産声となった。なぜなら、あの経験以降、教師になるための本当の学びを開始したからだ。その意味で彼女には感謝したい。

この体験から、真摯に学び、最良の発問を用意できるのがプロの教師であると言って憚《はばか》らない。

さて、準備が大変なのではないかという質問については、確かに毎授業13もの発問を作ることは、アンチョコを使っての発問に比べれば、大変な労力を伴うことは間違いない。しかし、この壁を越えなければ教員の仕事は成立しない、と理解すべきだ。決まりきった発問だけで通用するならば、一部予備校で行われているような映像授業で構わない。

また、国家として思考力・判断力・表現力（２４２〜２４３ページで詳述）が求められているにもかかわらず、教員がその場に応じた最適な問い、言い換えれば最適なコミュニケーションを模索しないでいいとは思えない。

ちなみに、私が13の問いを考えるのに必要な時間は15分程度である。

2－7　板書・プリント

ダメな板書

授業で生徒が感じる三大ストレスは「見えない・聞こえない・わからない」である。担当教員が嫌い、というのもあるが、それは別項で述べる。

もちろん、板書・プリントについてもこの三大ストレスは当てはまる。にもかかわらず、中学・高校教員の書く板書の約半数は見づらい。小学校の教員はその点、平均点が非常に高いと思う。字も綺麗だ。大学の教員養成課程で黒板に文字を綺麗に書こう、などという授業は聞いたことがないが、日本の教師たちが積み上げてきた文化の一つなのだろう。

一方、中学・高校（大学は言わずもがなだが）の教員の板書は大抵悲しいものだ。この悲しい板書は2つに大別できる。

まず、単純に汚い板書である。

本来、教科書に書かれている文言や公式、非常に綺麗な形で掲載されている図や表を敢えて板書するのであれば、それらを直接用いる以上の理解や定着が図られなければなるまい。

しかしながら、教科書に書かれている内容の劣化版イミテーションを黒板に再現することを授業だと考えている教員が多数存在する。そんなことに時間を使ってお茶を濁すような授業は必要ない。「教科書をしっかり読みなさい」あるいは「教科書を丁寧にノートに写しなさい」と指示すればいいだけだ。

この教員による出来の悪い書写行為で貴重な10代の時間を浪費している生徒を見ると、憐れでならない。真面目な生徒であればあるほど、きちんとその板書をノートに写し続け、受動的になっていく。さらに学力の高くない生徒は、教員が間違えて板書したものをそのまま書き写していたりする。

助動詞の活用を覚えさせる古典の授業を参観したとき、教員が間違えた活用表を黒板に再現していたことがある。一度ではなく二度もあり、一校は男子校でもう一校は共学校だった。両校とも女性教員が担当していた。

男子校では、「なんだよ、ミスんなよ!」と生徒から怒声が飛んだ。教員が謝らないままその表を消して授業を進めたため、最後列の生徒から筆箱が飛び、黒板を直撃した。その女性教員は翌日から長期休暇に入った。「あの子たちに教えても意味ありませんよ。採用される前の説明と全然違いましたし」との科白を残して。

共学校では、一緒に参観していた年輩の国語教師が「そこ違うよ」と指摘した。女性教員は「ああ……」と言って、やはり謝ることなくその表を消した。溜め息をつく生徒が数名いたものの、皆粛々と消しゴムを取り出して訂正していた。

これらの光景を見ながら、私は板書案を丁寧に準備することの重要性を再認識した。また、すでに教科書や参考資料に掲載されているものは板書の対象としないことを肝に銘じた。

もう一つは、生徒の能力や心理を無視した板書である。

大学教授よろしく単語だけを書きたい場所に乱雑に書く、あるいは記号の不統一や多すぎる文字量、あるいは生徒の発言の中で黒板に書き出すものとそうでないものを分ける尺度が不明確といったことである。生徒の能力向上を考えていないか、生徒に嫌われたいかのどちらかだろうと感じる板書は少なくない。

良い板書案

では、どのようにすれば良い板書案が作れるだろうか？

まず、大学ノートを横位置にしてほしい。すると、大体黒板の縦横比に近いスペースが表れる。そこに1授業1ページという基準を目安にして授業内容を書き込んでいく。

注意点として、事前に、生徒との間で板書ルールを設定しておくと非常にやりやすくなる。例えば、「○」と「◎」と「・」は別のものを表すときに使うとか、極めて重要な内容や意味は「赤」、生徒の意見は「青」、強調したい部分は「黄」、指示は「緑」で表すとか、「①」と「I」と「1」では、「I」が上位カテゴリーで、最小カテゴリーが「①」であるといったようなルールである。

また、授業日や授業回のナンバリングも、復習のため、あるいは欠席した生徒がキャッチアップをするためには重要である。

なお、黒板における赤チョークやホワイトボードにおける緑ペンは見えないことが多々あるので、これらの色は、一旦書いた内容を再度説明するときに○で囲むなどして指し示すために使う程度に考えておくといいだろう。

生徒の人生を変えるダメなプリント

板書と同様に、プリントも生徒にとって非常に見づらい、わかりづらいものが多い。斜めにコピーされたものや情報の配置に無自覚で視線の移動を考えていないもの、余白が少なすぎて書き込めないもの、ウィキペディアからの引用がずらずら書かれているものなど、夥《おびただ》しい数の残念なプリントが日々作成されている。そういった残念なプリント作成者には、大量の紙ゴミを生み出したことを地球に詫びてもらいたい。

神経質な性格の生徒にとって、このようなプリントは学習意欲を削ぐことが多い。神経質な生徒は少なくないし、塾や予備校でそのような汚いプリントが配られることは極めて少ない。だから、そういうプリントを用いて授業を行おうとする教員に対して、生徒は一定の距離をおく。よっぽど人格的に優れている場合やその他の技能が優れている場合を除き、プロフェッショナルとしての対人意識が希薄だと判断されてしまうのだ。

かつて見た、国語の論理的思考力を高めるというプリントに驚愕したことがある。ベテランの教員が作成したものだが、名前・クラス・番号を書く以外の場所は、指示文が数行あるだけで、残りはただ空欄が並んでいるだけなのである。

そのプリントの作成者は超有名国立大学の卒業者で、進学校でしか教鞭を執ったことがない人物だった。だから、「このプリントでも学びへのモチベーションを落とさない人々と生きてきたんだなあ」と思わざるを得なかった。

そのプリントを使った授業を参観すると、やはり私の危惧は的中していた。生徒たちの15

%程度はきちんと書き込んでいたが、他の生徒は自分勝手な方法でその空欄を埋め、やっつけ仕事的なものが多い印象を受けた。その授業は、代表の生徒が自分の考えを発表して終わった。

自分の考えを文字化しているので無駄な行為とまでは言えないが、それぞれの生徒が違うことをしてしまい、どのような力を伸ばしたいのかという目標が全く見えない実践だった。

こんな仕事の仕方をしている教員が、生活指導などで「人の気持ちを考えろ」と言っても、伝わるわけがない。日本全国で繰り広げられているであろうそんな光景は、早急に改善すべきである。学校や教員を嫌う生徒のうちの何割かは、そういう倫理的矛盾を許せないところから生まれているように思うからだ。

汚らしいプリントしか作れないのなら、市販のものを流用してもらいたい。その方が生徒の気持ちを考えていることになるし、後で劣等感を生じさせることもない。

生徒の学校嫌いや教員との齟齬《そご》は時を経ると、矛先を変え、「自分は学校に適合できない劣った人間なのだ」という意識を生み、それが自己に突き刺さる可能性も少なくない。そんな苦しみのきっかけを教育者が作っていいわけがない。

また、教員不信が〝全ての教員不信〟ひいては〝大人不信〟に拡大することもある。これもまた不幸である。

大人にも教員にも、次の世代と親和的な関係を築き、文化や知識、技術を継承してもらいたい、あるいは若い世代の困難に対して助力を惜しまないという人は多いだろう。

しかし、若者側が〝全ての教員〟や〝大人〟に対して不信感を抱いていては、そういった交流がうまくいかない。大人不信に陥った生徒と、向学心を素直に露わにして大人と交流する生徒とでは、成長に格段の差が出ることは否めないだろう。

この点からも、教員はまともなプリントを精魂込めて作成するべきなのである。神は細部に宿るのだ。

捨てられないプリント

非常に几帳面で計画的な教師の作るプリントは内容も面白く芸術の域にある。そういうプリントと汚ないプリントを見比べるたびに、学習効果に大差がつくだろうなあ、と感じる。

生徒もよくわかっていて、芸術的なプリントは卒業後も捨てない。それは、実務的に役立つ内容や形式であること、自己の努力や思考を振り返ることができること、その教師への信愛といった理由だろう。学年が終わったら捨てられてしまうプリントとは、教育効果が全く異なることは間違いない。

教科指導用のプリントとは異なるが、教師が心を込めて作った学級通信プリントをファイリングして保存しているという生徒も多い。

もっとも、使い捨てのプリントも存在する。漢字テストや単語テスト、記憶した内容の再現をするプリントなどである。これらは、保存されるまでにはいかないが、やはり生徒のモチベーションを高めるように作る必要があるだろう。プリントに書かれた指示がわかり難いとか、書き込むスペースが小さすぎるといったことはなくしたい。

それでは、一般的にどのようなプリント作りが受け手にとって最適かを考えてみたい。

プリントの功罪

まず、プリントの功罪について述べる。

前述した向山洋一は、作成上のミスが多くなることや授業進度が安定しないことを理由に、プリント授業を批判している。(*9) しかし、これは何もエビデンスが存在せず、あくまで彼の経験則の範囲の話に過ぎないので賛同できない。

例えば、中学受験予備校の雄であるＳＡＰＩＸはプリント主義である。この方法で、難関中学校に非常に多くの合格者を輩出している。また公文式が同様にプリント主義で成果を上げていることは周知の事実と言えよう。

ここには、指導者側が押さえておくべき重要な児童・生徒の心理がある。

受験勉強などに代表される楽しくない学びをするときに、分厚い問題集に挑み、最後までやり切れる人間がどれほどいるだろうか。それほど我慢強い人は、かなりの少数派だと想像できる。私自身もすぐに飽きてしまう側の住人だ。

そこで、「今日はこのプリントを最低でも一枚やります。終わった人から次のレベルのプリントに進みましょう」という方法を採用する。すると、「まあ一枚くらいなら」と手をつけられるのではないか。その一枚が満点になったら、「もう一枚やってみるか」と次の挑戦をするのではないか。

これは、作業の終わりを予想できるか否かという人間の心理と関連している。分厚い教科書や問題集だと、毎日取り組んでもいつ終えられるかわからない。それは、内容の難しさという質の面ではなく、量の面において結果予測ができないということだ。一方、数枚のプリントであれば短時間で終わるだろう、と思える。したがって倦《う》みの心理が生じるのを低く抑えられる。

また満点を取ったとか、一枚はクリアしたといった精神的昂揚感が内発的動機付けになり、次へのチャレンジ精神に着火することができる。このことによって、学習を継続したり正解したりする楽しさがわかっていくのである。

持続や繰り返しこそ最大の教育効果であるという前提に立ったとき、これは重要な着眼点である。言い換えれば、毎回〝新鮮な〟気持ちで学習することができるということである。したがって、プリントには効果があると言い切れる。もちろん、しつこく述べてきたように、その作り方に左右されるのだが。

「目標」「評価」「返却のタイミング」を考える

プリントを作成するとき、まず考えるのは「目標」で、次に考えるのは「評価」である。その「目標」に合致した内容にするのは当たり前のことだが、そもそも「評価」の対象となるのか、それとも知識を伝えるだけのものか、練習をするためのものかを明確にする。次に「評価」をするとして、誰がどのタイミングで行うのかといったことも決めておく。最初からこの観点が含まれていることで、同じ「目標」でも生徒に示すべき「方法」は大きく変わるからである。

例えば、先ほど取り上げた国語のプリントについて言えば、生徒の思考の観点や癖について知ることはできるが、思考力向上のトレーニングにはならないし、新しい知識の獲得は当然望めない。

また、評価するのも、そのプリントを作成した国語教員でないと難しいだろう。あまりに自由な記述形式のため、その実践に無関係な国語教員が採点したり、生徒同士が相互採点するのには向かない。

「目標」と「評価」が固定されたら、次に返却のタイミングを考える。生徒と次に会う機会に返却できるか否かを、作成前に考えるべきだ。次の機会、往々にして次の授業時に返却できないのならば回収すべきではないし、回収するなら次の授業で必ず返却すべきである。

と言うのは、人の記憶は日々刻々と失われていくからである。だから、なるべく記憶が新しいうちに復習できるようにすべきだ。つまり回収したプリント（ノートなど全ての回収物についても）はできるだけ早く返却すべきなのである。

特に学校教員は、他業種と違い、締め切りや提出のタイミングを生徒との話し合いで決めるわけではなく、一方的に押し付けるのだから、スケジューリングをきちんとやりくりして、すぐに返却できるタイミングで出題すべきなのである。

私は最初の授業で生徒に言い切る。「集めたものは必ず次の授業で返却する。それができなかったら指摘してくれていい。その瞬間に退職するから」と。この12年間、一度もこの誓いを破ったことはない。朝に実施した漢字の小テストを1コマ目の冒頭で返却したことすらあった。

なぜこういうスタンスをとるかと言うと、私自身が、それぐらいの意気込みがある大人でなければ付いていこうと思わない学生だったからだ。逆に言えば、これぐらいの熱量で生徒と向き合えば、大抵の生徒は〝本気〟を感じ取ってくれる。

教育活動に近道はないと私は思う。瞬間、瞬間の全力の積み上げが信頼を生むと信じて疑わない。

フィードバックの深さ

これで、「目標」「評価」「返却のタイミング」が固定された。

続いてフィードバックの深さについて考える。

詳しいコメントを書き込む対象なのか、それとも点数を書いて返却するだけでいいレベルのものか、という観点である。

とは言え、検印だけを押して返却というのは、どうしようもない実践になるので止めた方がいい。

以前、教員としての年間目標計画を上司に提出したことがある。提出は全教員の義務だった。Ａ４サイズの用紙にびっしり書き込まなければいけない分量である。ところが、数カ月後に返却されたペーパーには赤の朱肉で検印が１つ押されていただけだった。

これは、私以外の教員にも共通した対応で、「あれ読んでないよな」「出す意味あるのかな」「校長になる、とか書いてやろうかな」といった不満や諦念を生む要因となった。期末のフィードバックなども存在せず、自分のやった仕事や能力に対する評価はわからないままだった。

このように返却しても、時間が経過していてなおかつ低レベルのチェックであれば、受け手は相手の不誠実さを見透かす。それによって、その人間と距離を置く、あるいは侮蔑するといった結果を生むのである。この意味で、あの上司の行為は反面教師として非常に優秀なテキストとなった。どうか、そういう心ないコミュニケーションは謹んでもらいたいし、無自覚にもそういう行為に及ぶことで、人との関係がギクシャクすることがあることを知ってもらいたい。

アドバイスは多くて2つ

やる気がないのは問題だが、逆に、一生懸命型教員が陥るミスもある。具体的には、多すぎるコメントを赤字で書き込んで返却することだ。これは、善意の押し売りに他ならない。多くを書けば書くほど、受け手側はショックを受ける。仮に、精神的に強く、ショックを受けなかったとしても、それぞれのアドバイスが生徒の中で相対化されてしまい、何が重要なのか優先順位が付けられない。これでは、アドバイス自体の効果が薄くなってしまう。

だから私は、返却する際のアドバイスは多くても2つに絞るようにしている。漢字や文法のミス以外で2つである。それ以上は書いても意味がない。

これは私の新人時代の反省に基づいている。原稿用紙に弱点や改善点の指摘を大量に書き込み、それを返却された生徒は自信を喪失してしまった。また、4つも5つもアドバイスを書き込んだら、その生徒は次の論文執筆時に行き詰まった。全てのアドバイスを一気に改善しようとしたためである。私の未熟さが、彼らに苦手意識を植え付けてしまった可能性がある。この点を猛省して止まない。

自分でも解いてみる

ここまで来て、ようやくプリントの内容や見栄えを考えることができる。

先人の資料を参考にし、生徒の状況と照らし合わせて最適解を探す。用いる文言や記号は、板書のときと同様の観点から統一していく。そして、最後に自分で解いてみて、その倍の時間を想定する。そこから内容を削ったり、２回分に分けたりといった微調整を繰り返す。これでようやく、授業料をもらうに値する最低限のプリントができあがる。

自慢に聞こえたら申し訳ないが、教え子たちが就職活動期から大学の卒業期を迎えると、それまで音信不通だった子も含めて続々と連絡が舞い込む。その多くは就職が決まりました、という嬉しい報告だが、それに加えて「高校のときのプリントファイルが役立ちました」と言われることも多々ある。

文字を書くことにおいて、就職活動と高校の国語にも通奏低音がなければおかしいと考え、実践してきたことが功を奏した瞬間だ。言い換えれば、知的執筆作業をする際にいつでも使えるカリキュラムやプリントを作ることは可能だということでもある。

2-8　机間指導

〃指導〃よりも〃巡視〃

前述のように、教員がテスト中あるいは音読・演習などの指示を出した後に机の間を歩いて回る指導方法のことを、教育界では机間指導と言う。かつては机間巡視と呼ばれていたが、あまりに威圧的だということで、現在では〃指導〃と表現することが一般的である。

ただ、私に言わせると何の〃指導〃にも繋がっていないことが多い。教室内を歩いて回りながら、課題の出来不出来を確認し、時折、精神的にシンドイ生徒の肩にそっと手を置く、という程度の実践しかなされていないと感じる。

私が求めるレベルはこのようなものではない。

では、何をするか？

実は〃巡視〃に近い行為である。端的に言えば、生徒の様子や質と、その変化を「見る」のだ。例えば、筆箱の種類、机の落書き、髪型、色の好み、芸能人・アニメキャラクターの好みといった基本情報から、学生服の汚れ、フケや白髪の量、爪の状態、アイプチをしているか否かまで多岐にわたる。

これらの膨大な情報をカルテ化してキープしておく。すると会話のきっかけになったり、無言のSOSを捉えられたりするのだ。

ところが、大多数の教員がノートやプリント、テスト用紙や原稿用紙に書かれている内容の出来不出来を見て回ることしかしない。それも必要な作業だが、それほど緊急性があるとは思えない。なぜなら時間差をつけることができるからだ。つまり、回収してチェックしてから、アドバイスをしてもいい領域なのである。また、その場ですぐに手を出して導いてやることが、他者依存の〝甘え〟を生んでしまう可能性もある。

一方、教科の能力ではなく、生徒の様子や質と、その変化を「見る」ことのできる機会はそう多くない。特に教科担当としてしか交流機会がない場合、授業中が最大にして唯一のチャンスとも言える。個別に呼び出して話したとしても、彼らは自分の本質を水面下に潜り込ませてしまうことが多い。だから教科担当者は、自己の業務領域を教科能力の向上だけに限定していく傾向があり、生徒の人間性に触れる生徒指導は、クラス担任と生徒指導部や生活指導部と呼ばれる専門部署に任されることとなる。

この象徴的な形が、3年B組金八先生型の教育である。担任教師が中心となって、担当クラスに在籍している生徒の問題を解決していくのだ。一歩引いて見れば、担任ではないクラスの生徒の抱える問題は自分の業務外というような思想ともとれる。

私には、次の時代を担っていく生徒たちの貴重な時間をいただいているという感覚が強くあり、やれることは全てやり、彼らを成長させたいと考えている。だから、教科でしか担当していない生徒もつぶさに見て掌握したいと思うし、最適なアドバイスや課題を提示したいと考える。

このスタンスで走ってきたことが功を奏したことがある。

国語の授業でしか交流のなかった女子生徒が、部活動中に腰を痛めてしまい、コルセットをしながら授業を受けていたことがあった。机間指導中にその様子に気付いた私は、「どうしたの？　大丈夫かい？」と小声で声掛けをした。

実はその怪我について、部活動の顧問が理解してくれていないことに彼女は深く悩んでおり、数カ月後にあの言葉はありがたかったと言ってくれた。その怪我について話しかけた教員は他にいなかったという。

この声掛けから、目に見える形で交流の機会が増えたわけではなかったが、廊下で話をしたり、進路相談の相手として認めてもらえる程度の関係は築けた。「弟の指導もお願いいいたします」と丁寧に連絡をくれたこともあったし、教師を目指したいという相談も受けた。就職決定の連絡ももらえたし、今後も交流が続いていくと思う。

今、彼女は「いつかプロフェッショナルな教師になりたい」と言いながら、公立小学校の教壇に立っている。

注意すべき清潔感と匂い

他方、机間指導で注意すべき点もある。

まずはなんと言っても清潔感と匂いと距離である。相手は多感な10代である。美的な意味で〝汚らしい〟大人には近寄られたくない。教員もサービス業の一角なのだから、ビジネスパーソンや飛行機のキャビンアテンダント、デパートの販売員、ホテルのフロント係などと同じ考え方をすべきである。

私も見た目に自信がないなりに、爪を切ること、髪型を整えること、シャツやズボンの折り皺をとること、食後に必ず歯磨きをすること、口臭予防のガムを常備することなどを励行している。

私の勤務校で人気のある若い男性教員は「僕は次の日に授業があるときは、絶対ニンニクを食べません。だから、餃子は土曜の夜しか食べられない」と冗談交じりに嘆いていた。若いのに素晴らしいプロ意識である。

こういうことを書くのは、私自身中学生だったとき、コーヒーと煙草の臭いをプンプンさせていた男性教員に不快感を覚え「あんた、口が臭えんだよ！　話しかけんな!!」と噛み付いた経験があったからである。

そして、そういう経験があったにもかかわらず、睡魔を解消したくてコーヒーを飲んでから授業に向かったことがあった。すかさず、女子生徒に口臭を指摘された。自分が嫌悪するものを再生産してしまった自分が恥ずかしかった。女子生徒は嫌そうな表情で伝えてきたわけではなかったが、ポジティブに捉えているはずもない。それ以降、授業前に眠気を覚ますためのカフェインは、ストレートティーか日本茶に替えている。

イケメンや美女である必要はない

見ていて気持ち悪い、口臭がきつくて話が頭に入らない、ひいては話したくないという生徒心理は、現実問題として存在する。そういうキタナラシイ対象が自分に向かって歩いてくるのが机間指導だ。ときには、後方から近づいてくるのだ。これを拒否する権利は、生徒には基本的にないため〝我慢〟を強いられる。飛行機のエコノミークラスで、隣にものすごく太っていて悪臭を放つ人間が座るイメージに近い。いや、映画『千と千尋の神隠し』に登場する〝オクサレ様〟か。

少なくとも、私はその生徒心理を意識して生徒と向き合う。どんなに感動的な内容の話や素晴らしい授業構成・説明を用意しても、不快な環境では理解できないと思う。

ただ、私も生徒から「目が怖い」とか「気持ち悪い」と言われたことがあるので、これは常に考え続けていかなくてはならない課題だ。自己を戒めたい。

ただし、ここに一つの大きな陥穽があることには注意したい。

生徒は教員に対して、いわゆるイケメンや美女であることを求めてはいない。もし教員自身にそういう意識があると、マイナスに働くことすらある。

確かに生徒は「〇〇先生、イケメン！」とか「△△ちゃん（女性教員の呼称）可愛いわ～」と言ったりする。ただ、それは教員としての評価ではない。入れ物への評価である。この入れ物ばかりに執着して授業レベルが残念であったり、不合理な生徒指導を行ったりすれば、当然の如く生徒からは嫌われる。入れ物など〝安全弁〟に過ぎないことを忘れてはならない。

昭和の名教師に斎藤喜博という人物がいた。実践内容に賛否はあるものの、昭和時代を通じて最も有名な小学校教師と言っていいだろう。生徒からの高い評価はもちろんのこと、彼の公開研究会には2000名を超える人が集まったという。それほど全国の教員をも惹きつけた実践家である。

彼は著書の中で、教師に求める資質として〝美人〟(*10)を挙げている。彼の言う〝美人〟とは、造作や表面の美ではない。教育実践に対する誠実さや自己研鑽をする態度とその謙虚さ、それらに加え、物事を素直に見る姿勢などを主眼としている。

その上で斎藤は、教員が明るい服装をすることを推奨している。子どもたちの心理を温め、柔らかくすることが目的だ。

私は斎藤の求めたプラス面以上に、教員が生徒に嫌われないことが重要だと考え、常識的なビジネスモードの清潔感や、他人に不快感を与えない身だしなみのレベルを求めたい。これ抜きに机間指導を行うことは、生徒に対して失礼である。

平等性と立ち位置、立ち方

机間指導では、平等性も重要である。いつも同じ生徒に話しかけるような歩き方は止めるべきだ。どの生徒と話したかをきちんと記憶しておき、全ての生徒と同じ頻度で話すことを心がけるのが基本である。

同じ生徒ばかりに集中して話しかけていると、彼・彼女がクラスメイトからのいじめの対象になってしまうかもしれないし、「依怙贔屓だ」との誹《そし》りを受けるかもしれないからである。

話をするときの立ち位置と立ち方にも工夫がほしい。

指導的効果を狙うのであれば、起立したまま、つまり高低差をつけたまま正面から話をするのがお勧めである。一方、相談を受けたり、一緒に考えたり、心理的に安定させたりするときは、生徒の目の位置よりも自分の目の位置を下げる、つまり、しゃがめるだけしゃがんだ状態で、横から生徒に接するのが効果的である。

また、今取り組んでいる課題への集中を切らしたくない、あるいは集中度を増したいのであれば、指さしなどの方法を用いながら後方からアドバイスをするのがいいだろう。

2-9 教育効果を高める教師の動き

残念な教員を改善させることはできない

次に、教室全体に向けた動きの技術を説明しよう。

これほどコミュニケーション能力向上の必要性が謳われているにもかかわらず、(*11) いまだに授業中に黒板と教科書のみに視線を集中し、生徒を見ない教員が存在する。そこまでひどくなくとも、一部の生徒にだけ偏ったアイコンタクトしかしない教員がいる。

生徒はそういう教員の一挙手一投足をよく観察している。そして、「あの先生、いっつも○○君ばかり見ているよな」とか「私のことは全然見てくれませんでした」とこぼすのだ。

実際に、そういう不平が出る教員の授業を見にいくと、大抵独り善がりの動作や授業展開・内容であることが多い。結果として教員と生徒の距離は遠くなり、教室内が冷えているように感じるのだ。

こういう光景を目にするたびに、「こりゃあ、フォローしておかないといけないな」と同僚として考え、指導係を担う先輩教師として、どうすれば当該教員に自覚と変化を起こさせるかを考える。そして、私は途方に暮れるのだ。なぜなら、前者のフォローは容易ではなく、後者の〝自覚と変化〟はほぼ不可能だとわかるからである。

なぜそのように分析できるかと言えば、現在の生徒は〝考える力〟の習得を小学校時代から求められていて、２〜３割の子は自分の判断に絶対的な自信を持っているからである。彼らの判断はなかなか揺るがない。保護者がその判断を支え、強固な〝思想〟に高めていることも少なくない。

また、その判断の対象が、何らかの意識的な行為であれば、「あの先生の意図はさ……」と冷静な解説を加え、生徒の視野を広げることも可能だが、当該教員の癖としてアイコンタクトができないとか、能力的に極めて稚拙といった場合、当人に成長してもらうより他にないからである。

これが新人や若手なら「まだ若い先生だからさ。ちょっと見守ってやってよ」とかなんとか言えるが、中年期以降の教員の基礎的技能の欠如に対する不満は、チームとしてフォロー体制を整えていても、短期間で鎮静化させるのは難しい。

ましてや本人に自分自身を客観的に捉えるように仕向け、改善を促すことは不可能に近い。

例えば、怒鳴りまくる、机や黒板を叩いて威圧する、教壇から一歩も動かない、そのクラスの雰囲気を感じ取れず毎授業、授業の冒頭から最後まで同じペースで語り続ける、といった残念な教員の振る舞いはどこの学校でも見られるが、それが改善したという事例はほとんど聞こえてこない。

暴君型教員の事例

研究会で耳にしたある数学教員の話をしよう。

彼は40代の男性で、自分の指導力に絶対の自信を持っていた。確かに入試の合格実績は平均より上だという。彼が採用していた教授方法は極めて単純なもので、生徒の恐怖心を煽り、〝やらなければならない〟という心理を植え付けるものだった。隣のクラスで指導をしている教員にも、〝今、黒板を叩いたな〟とか〝机を蹴とばしたな〟ということがわかるような指導だという。

確かに、どんなきっかけであっても、机に向かって問題を解いていれば、何もしていない層よりはできるようになる。そして偏差値は伸び、合格率は上がる。

こう書くと、結果主義を是とする方からは、それでいいじゃないかと言われそうだが、ここにはあるからくりが潜んでいる。

それは中途離脱者の問題である。

彼のクラスは平均的に離脱者の割合が高かったのだ。通常数パーセントの離脱で留まるところが、二桁に達することさえあった。特に夏季や冬季の特別授業でその割合は高まり、離脱した生徒は、その教員と交流しなくなっていった。それは生徒が、他の教員とその教員を比較した結果であった。

離脱した生徒の中には、学校全体に対して嫌悪感を持つ者や精神を病んでしまう者もいた。その子たちのケアは、彼が馬鹿にしている〝結果を出せない教員〟が受け持つこととなった。無論、善意のケアを担った〝結果を出せない教員〟たちに対する謝意や謝辞はなかったという。

この話をしてくれた若手教師は、彼と対峙することを試みた。

「あのやり方では潰れてしまう生徒が後を絶ちません。改善すべきです」と。だが、返答は「だから?」であった。

このとき、その若手教師は生徒に申し訳なく感じながらも、暴君型教員に対する直接交渉での改善は無理だと悟った。生徒を操作対象としてしか捉えていない思想が強すぎるとわかったからだ。

その若手教師は諦めず、自らの発言力を高める作戦に切り替えた。当時、若手教師も受験指導をしていたので、単純にその数学教員よりも好成績を残せば、聞く耳を持ってくれるだろうと信じたのだという。

そして、彼の教え子たちは、誰でも知っているような〝一流〟と称される学校に受かっていった。9割以上の生徒が第一希望に合格したという。

しかし、何も変わることはなかった。管理職が40代の教員を支援したからだ。管理職とその教員は長年の付き合いがあった。若い教師は自分の予見能力の低さを嘆き、生徒らに自らを恥じたと私にこぼした。

彼の痛みと辛さはよくわかった。私も何度となく、同様の経験をしてきたからだ。このような経験をしている優秀な若手教師が日本中にいる。さして管理する能力もない人物が管理職についていることと、既得権益保持のみに執着する教員文化の弊害である。

もう一つ、この暴君型教員の問題には考えるべき視点がある。

それは、彼に習った生徒の末路である。ほぼ全員がその教科内容を受験の道具として、あるいは、学校が決めたものとしてしか捉えなくなるのだ。〝学問〟に昇華させたり、〝学ぶ〟喜びを見出したりはしないのである。だからだろう、暴君型教員の下で合格を勝ち取った生徒は、学問的に大成することが少ないと言われることが多い。

これは当然のことである。知的好奇心が学問を学ぶ動機の土台であり、命令されなければやれないような人間が、学問分野で生き抜けるわけがないからである。

短期間で利益を求め、強引な手法を選択した当然の帰結である。このような思想が保護者にも教員にもあるから、日本の学生は向学心が低い(＊12)というのは飛躍した論理だろうか。

生徒を怒鳴る意味

かく言う私も、生徒を怒鳴り散らすことはある。

矛盾していると言われそうなので、先にその理由を示そう。

〝怒鳴る〟理由は、２つに大別できる。

まず、緊張した空気が、生徒の心理や理解に効果的に働く場合である。だから〝怒鳴る〟ことは全て計算ずくであり、論理的に筋道の通っていないことを言ったことはない。感情で怒鳴るのは教育行為ではない。

現実的に、〝怒鳴る〟レベルでないと、生徒が大人を舐める状況が生まれることもある。往々にしてヤンチャな生徒は甘い教員を舐める。この力関係ができあがると、道徳的指導が非常に困難になる。全ての教員がそうである必要はないが、教員集団において〝父性〟を担当する者は〝怒鳴る〟こともできないと、生徒と対峙・対決する場面で指導力が弱まってしまう。逆に適切な〝怒鳴り〟ができれば、生徒にその内容を深く理解させられることも多い。

もう一つは、誰からも〝怒鳴られ〟たことのない者が、社会の荒波を乗り越えていけるのかという点である。特に今の生徒は、日本社会だけでなく世界の荒波をも乗り越えていかねばならない。そのためには心理的な屈強さが不可欠であり、それを身に付けてもらうために壁になろうというのが、私の考え方である。

事実、金融業界に進んだ卒業生からこんな言葉をもらったことがある。

「同期入社も最初の年で4分の1は辞めていきましたね。男も女も。上司がガンガン怒鳴る人だったんですけど、みんなすぐに凹んじゃうんですよね。その点私は、高校時代に林先生から論理的に怒鳴られましたから、ただ怒鳴っているだけの人なんか一つも怖くないんですよ。高地トレーニング済みです、みたいな」

彼女はそういって笑いながら、ビールを啜《すす》った。今でも同社のエース証券ウーマンとして、快活に職業人生活を続けている。

恐怖政治型の手法を取り入れるにしても留意点があると言えよう。それは、教員が自らのスタンス、目標を明らかにして論理的かつ冷静に叱る、という点である。

また、教員の頭の中で、その指導の着地点が明確に描けているという点も大事だ。それができなければ、感情の露呈か暴発に過ぎない。

このように自己を正当化するような文章を書きながらも、その実、怒鳴った日の一人反省会ではひどく落ち込む。

「あの〝怒鳴り〟が本当に最適解だったのか」「他にもっと効果的な選択肢はなかったのか」「生徒の心が離れてしまうかもしれない」と思考が回転していく。

何度もシミュレーションし、怒鳴るしかないと決めて怒鳴った日でもそうなのだ。教育には完成も完璧もないと実感する瞬間である。

2―10　宿題

最難関の時期から考える

〝意欲的になれて、短期間で効果の出る宿題〟は可能か？

宿題はいつの時代でも嫌われる。私もご多分に洩れず宿題は大嫌いだった。ドリル課題であれば、大抵巻末の答えを丸写しにして提出していたし、新聞に掲載されていた読書感想文の入選作品を見て、構成はそのまま、内容を少しだけいじって提出したこともあった。

そんな学生時代を過ごした私だが、教える側に回ると、復習をしてほしいと思うようになった。

なぜなら、読書量や演習量に比例して思考力も向上することがわかったからだ。それに加え、授業時間があまりに少なく、学校で学びを完結することは難しい。このことも現実の問題として突き付けられている。そこで、〝意欲的になれて、短期間で効果の出る宿題〟を作ることはできないものかと考え、悩み続けてきた。

その結果、まず高校3年生をターゲットに宿題を作ることにした。

高校3年生の場合、大学を推薦受験する生徒は12月末までに、一般受験をする生徒や専門学校進学、就職をする生徒は3月中旬にほぼ進路が決まる。

ここで問題となるのは、卒業式までの時間を持て余す前者である。彼らが意欲的になる宿題を出すことができれば、効果の高い学びが実現できるのではないかと考え、まずはこの最難関の時期に注力することにした。そこで得た経験を他の学年で利用しようと企んだわけだ。

まず、ポイントとして、生徒らの生活や興味・思考に近接した領域から高度化していくという流れを重視した。

かつて日本を席巻した生活綴方学習や生活綴方作文は、生活をそのまま自己の教材としたが、これに倣《なら》い、他者の抱える日常の問題の解決をするという課題を設定したのだ。当然その問題は高校生でも理解でき、高校生だからこそ解答できるレベルのものにした。

具体的には、思春期の子息を抱える親御さんが児童相談所にした相談を読ませ、各グループがその相談に対して最適な解決策を調べて提示するということを課したのだ。

私の想定以上に生徒は盛り上がった。発達心理学やコーチング、家族論や思春期心身症などの専門書を探し出してきて、グループ内で議論しながら解決策を練る姿が多々見られたのだ。放課後の図書館で、しかも閉館時間まで。大学の図書館に足を運ぶ者も少なくなかった。議論自体も白熱したものとなり、質問時間が余ったり、停滞したりすることは一瞬たりともない実践となった。

〃学問的〃なものと〃勉強的〃なもの

この実践を踏まえて、私は宿題には〃学問的〃なものと〃勉強的〃なものがあるのではないか、という認識をするに至った。

前者は興味のある分野に積極的に取り組むもので、まさに〝学び〟〝問う〟ことを繰り返すもの。後者はスポーツにおけるランニングや筋トレのようなもので、〝勉め〟〝強いる〟ものに他ならない。

学問的な宿題で生徒を前向きにするか、後ろ向きにするかは教員の技量にかかっている。自由研究が嫌で嫌で仕方がない生徒もいれば、その自由さに歓喜する生徒もいるからだ。彼らを前向きにするためには、いくつかのステージが必要だと考えている。段階を踏んで、それができることや、困難な問題を解明しようとすることが格好いいという文化を醸成していくのだ。つまり、その宿題を出すまでの担当教師による仕込みがものを言うのである。

具体的に私がやることと言えば、学問的探求の面白さの提示、そして学問による社会的貢献と学問をする意味の提示である。

前者は〝発見することの面白さ〟と言い換えてもいい。〝発見〟は前述した『走れメロス』のような事例もそうだし、自分の感情をコントロールすることで仕事の成果が上がるというような体験をさせることもそうだ。

後者における実践例の一つとして、学ぶことが他者の笑顔を作るということを生徒に実感させる、という方法を用いている。

例えば私は、京都女子大学・田井康雄教授のまとめた『自己形成原論[*13]』をもとに「自己は他者の構成要素であり、他者は自己の構成要素である」という内容を生徒に体験させる。

まず2人組になって「こいつ嫌いだ」と思いながら笑顔で挨拶をさせる。次に「この人は好きだな」と思いながら悪態をつかせる。そして、ペアになった人間に自分の中に起こった感情について聞くのである。実際は、私が問うより先に、「(嫌いと思われていても)笑顔で挨拶される方がええわぁ」と、生徒たちは苦笑いを浮かべている。

この体験をさせた後に、ある心理学的な知見をもとにこのような実験を考えたことを説明する。そして、この観点から日常を見たとき、他者の介在なしに自己は存在し得ないということを、体験談を交えて話をする。

例えば、無理矢理作った笑顔で行ったボランティア活動でも、「あなたの笑顔に励まされたわ」と言われれば、意味も感じられるし、自己肯定感も生まれる。また別の場面での振舞いも変わる。このような体験談を話すのである。

このような当たり前の感覚を知って行動するのと、そうでないのとでは、人生における様々な結果が大きく変わるはずだ。

そして、こういうことも、先人が研究してくれたからこそ、体系化・分類化され、わかりやすくなったのだと生徒に伝える。このようなことを繰り返し行うことで、〝学び〟に対して前向きになる生徒が増えてきたと言っても過言ではない。

教員は諦めてはいけない

計算力や漢字の暗記などは〝勉強的〟なものであり、生徒から人気がない。だからこそ、この分野の宿題を課したい場合、できるようになるメリットとできないでいるデメリットの提示は必須となろう。小学生が対象であれば、ご褒美シールも効果的と言える。

問題は、学び以外のことへの欲求が高まる中学生以降であろう。真面目で、ある程度成績が取れている生徒は、メリットやデメリットの提示でモチベーションを維持できる。しかし、学力形成過程の早い段階で躓いていたり、勉強する意味を見出せないでいたりする生徒は、自己を律せなくなる。

ここで多くの教員は諦めてしまう。その気持ちもわかるが、諦める前にもう一度その生徒と向き合ってほしい。歩みは遅くとも彼らのできる部分を褒め続け、肯定し続ければ彼らは伸びる。遅々として進まないように見えるが確実に伸びる。

教員側は、1年間とか3年間という区切りでどうにかしたいと焦るが、確実な成長を実際に体験させられれば、その後も生徒の能力は伸びていくはずだ。そういう体験をさせてあげることが重要である。

＊1　例えば向山洋一は学級崩壊など解決できて当然との主旨のプロ教師黒帯認定制度を作っている。
＊2　一般に「学級崩壊」は学級担任制の小学校で起きる現象、「授業崩壊」は教科担任制の中学・高校で起きる現象とされ、文言の使い分けがなされている。
＊3　私のクラスでは、教員の呼び方は、その本人が嫌でなければ基本的に何でも良しとしている。同僚から何度か「きちんと『林先生』と呼ばせなさい」という指摘を受けたこともある。まあ、そういう指摘をしてくるおじさん教員は基本的に残念な存在なので無視している。生徒が交流しやすければそれでいい。彼らは使用場面を使い分けていて、職員室では「林先生」と呼ぶからだ。陰で「ハヤシの野郎がよ～」と軽蔑されているよりよっぽどいい。
＊4　佐藤学『教師というアポリア』世織書房、1997年、p.7。
＊5　文部科学省の「平成19年度学校教員統計調査」によれば、中学教員17・2コマ、「平成18年度教員勤務実態調査（高等学校）」によれば、高校教員14・4コマが、平均の担当コマ数になるという。
＊6　私は指示至上主義の思想に対しては懐疑的である。講義型の授業であれば、指示は必要なく、説明・解説が重要になると考えるからである。また、法則化運動を行っていた向山洋一が後に立ち上げたTOSS（教育技術法則化運動）の活動を全肯定する気もない。例えば、「ゲーム脳」という似非《えせ》

科学を信奉するスタンスなど、理解できない面も多い。また、彼らが児童・生徒を操作対象として捉え、超短期的利益や超短期的結果を求める点も同意できない。それは、教員は哲学的に人間追求をするべき立場にあり、技能的成長を促すだけの講師やコーチに矮小化してはならないと考えるからである。

＊7　向山洋一『教え方のプロ・向山洋一全集43』明治図書出版、２００２年、p.51。

＊8　村田一真「メロスの全力を検証」。同論文によると片道の行程は「10里」（39・２７㎞）とある。これを約10時間で踏破しているので時速は３・９㎞になるとの計算が成り立つ。

＊9　向山洋一『今なら間に合う　取り戻せ！　教育力』産経新聞出版、２００９年、pp.40-41、51-52。

＊10　斎藤喜博の言う美人は、いわゆる美人ではない。『授業入門』（新装版、国土社、２０００年、pp.228-229）で、斉藤は、①頭の良い先生、②育ちの良い先生、③美人の先生を「よい教師」の条件として列挙しているが、理解力が早く、実践での自覚と謙虚さ、素直で温かい心を持ち、まともに物を見られるような資質があれば美人になる、というような書き方をしている。

＊11　竹内弘高は、企業に必要な人材として、コミュニケーション能力を持つ〝異質な人材〟が肝要と述べている。（フォーブス日本版、２００８年1月号、ぎょうせい）一方、中橋雄は「総合学習を支える『問題解決技能』育成のカリキュラム」（日本教育工学会雑誌25、２００１年、pp.199-204）において、インタビューやプレゼンテーション、スピーチやアンケート作りに関するカリキュラムを作成し、〝高次〟のコミュニケーション能力の必要性を世に問うている。

＊12　２０１２年に実施されたＰＩＳＡを分析したＯＥＣＤの研究によれば、数学に対する楽しみにつ

いて肯定的な解答は、ＯＥＣＤ平均が53％であるのに対して、日本は38％にとどまっている。また問題解決の意欲に関しても、ＯＥＣＤ平均で33％の学生が複雑な問題を解くことが好きと回答したのに対し、日本は19％にとどまっている。

＊13　田井康雄『自己形成原論』京都女子大学、２００４年

第3章　教育現場における「評価」

「評価」は極めて難しい。実際の現場ではまともにその方法論を追求せず、漢字テストの丸付けのような評価方法が罷り通っているが、それでは生徒の能力を伸ばすのに効果的な実践にはならない。

評価で考えるべき事項を並べ、それぞれの領域の区分を単純に掛け合わせると、最少でも5万パターンほどの〝評価〟形式が表れる。

では、評価で考えるべき事項とその中の区分を挙げていこう。

なお、全ての事項は完全に分かれるわけではなく、重なり合う部分もあり、グラデーションのようになっている。また、それぞれの事項における区分も、完全に分かれるわけではなく、どの要素が強いかを示しているに過ぎない。

1、評価の対象となる課題の種類

教育現場で評価の対象となる課題は、次の6つに分けられる。

①学問的内容の演習課題、②学問的内容のパフォーマンス課題、③学問的内容の暗記課題、④日常生活に即した演習課題、⑤日常生活に即したパフォーマンス課題、⑥日常生活に即した暗記課題

「演習課題」とは、計算や過去問題、一般的なテストなどに回答する課題、「パフォーマンス課題」とは、論文執筆や研究、調べ学習などの活動的な課題、「暗記課題」とは、文言などをそのまま覚えることを第一義とした課題である。

「学問的内容」や「日常生活に即した」というのは、自分の生活との相関の強さを表している。

例えば、受験で使用する知識は、合格という利益には繫がるものの、日常生活に即してはいないという判断で「学問的内容」に分類する。だから、数学の図形問題や国文法、中学の理科で行う水溶液の電気分解実験などは学問的内容になる。

家庭科で包丁の使用法に関する理解度を評価したいとき、定期テストで評価するのは「⑥

日常生活に即した暗記課題」である。一方、実際に包丁が使えるかどうか実技試験を行う場合は、「⑤日常生活に即したパフォーマンス課題」となる。

化学式に関する理解度を評価したいとき、宿題としていくつもの式を作らせるのであれば「①学問的内容の演習課題」となり、定期テストで確認するのであれば「③学問的内容の暗記課題」となる。

2、評価方法の論理

評価方法は、①絶対評価、②相対評価、③到達度評価、④ゴールフリー（評価）の4種に大別される。

①絶対評価とは、評価者が絶対的な基準設定をして、そこに到達した者を〝合格〟や〝5〟と認めるような評価方法である。例えば、全員が試験で100点を獲得すれば全員が「5」になる。

ただし教育業界では、絶対評価では最終評価者である教員のバイアスがかかりやすいという指摘が絶えない。クラスや学校が違えば同じ〝合格〟や〝5〟でも、価値が大きく異なるというわけだ。

一方、②相対評価は、一定の集団内における相対的位置によって、個人の学力などを評価する方法で、必ず〝1〟や〝5〟の生徒が発生する。したがって、例えば、全員が試験で100点満点を獲得した集団で、一人だけ99点だった場合、自動的に〝1〟になってしまう。逆に自分が10点でも、集団の他者が皆0点であれば、成績は〝5〟になる。このように、相対評価では集団のレベルによって不公平が生まれるので、学校内の教育評価では使われなくなった。

そこで昨今、よく使われるようになった評価方法が、③到達度評価である。1～5というような幅で評価をするのは前二者と同じだが、事前に、ここまでできたら5、ここまでできたら4というように、到達目標を決めておき、生徒がどこまで到達できたかで評価するというものである。

この方法だと、絶対評価と相対評価の欠点の大部分を解消できるということで、多くの学校で導入されつつある。

ただし、事前に全てのレベルに合わせた設定値を決めておかねばならず、評価者側の手間が増えたり、他者と比較したときの〝伸び〟や〝意欲〟が判断し難いといったデメリットも指摘される。また、教育者側の能力への依存度が高まるため、その意味において不平等になるとの危惧も拭い切れてはいない。

最後の④ゴールフリー（評価）は、評価をしない教育活動のことである。

学校教育の現場では、生徒が行う全ての活動を評価対象にすることもできる。例えば、休み時間の遊び方や掃除、集会への参加の仕方や顔付きなどなど。

その中で、敢えて〝評価をしない〟教育活動とはどういうものか？

それは例えば、生命倫理や平和について考えさせる講演などである。もちろん教師側はちゃんとした意図を持って講演を設定するわけだが、その理解に対して〝合格〟とか〝3〟といった評価をするのは妥当ではない。

道徳の授業もこれまでゴールフリーで行われてきたが、その状況が変わりつつある。

小・中学校の道徳の授業が形骸化しているとの意見があり、文部科学省の中央教育審議会を中心に「教科化」が審議されているのだ（2014年時点）。教科化するということは、ゴールフリー以外の何らかの方法で評価しなくてはならない、ということを意味する。事実、文部科学省によれば、数値以外の方法、例えば現在の指導要録（児童・生徒の学習や健康の状況を記録した原本のこと）における「行動の記録」のような形での評価方法が提案されている。[＊1]

道徳の教科化については、真面目な教師ほど悩んでいる。「道徳は教師も生徒と一緒に考えるべき科目であり、評価などせず、生徒が自由に考えたり発言したりできる状況を確保しておくべきではないか」という苦悩である。

3、カリキュラムについて

カリキュラムは次の3つに大別できる。

①公的・一般的なカリキュラム、②学校独自・教員独自のカリキュラム、③ヒドゥンカリキュラム

評価するとき、①公的・一般的なカリキュラム内容と②学校独自・教員独自のカリキュラム内容では、多くの場合、同じ評価の論理を用いることができない。

なぜなら、前者は教科書という絶対的な存在によって裏支えされており、学外の教育機関が〃必要〃だと認定した内容だからだ。つまり生徒にとって、比較的学習しやすく、社会的必要性が高いものであり、この点から評価は厳格なものになりやすい。

後者は、熟考・熟慮を重ねた教科書があるわけではなく、数名の教員が〃必要〃と考えただけのものなので、独り善がりの可能性も否定できない。よって、評価は甘くすべきだろう。

③ヒドゥンカリキュラムとは、生徒にはそのカリキュラムに隠された別の目的を伝えずに成果を求めるものである。

例えば、国語の授業を通じて協調性を身に付けさせることもできる。前述した、構成的グループエンカウンターを応用したディスカッションの授業がそれである。授業後に生徒間の距離が縮まり、クラスの雰囲気が温まることも多く、私自身もその効果を狙ってやっている。有り体に言えば、〝一石二鳥〟の教育実践である。実際には、〝四鳥〟、〝五鳥〟を狙いにいくことも少なくない。

だが、国語科的な目標以外は公にしないのだ。私の2つ目以降の意図には、気付く生徒しか気付けないいし、参観に来た教員たちもわからないことが多い。

なぜ公にしないのかと言うと、生徒の〝気付き〟を重要視しているからに他ならない。社会に出たら、懇切丁寧に物事や技術について説明されることはなくなるし、他人の心理・思考を察しなくてはならない場面にも多々遭遇するはずである。そんな社会に旅立つ生徒を、全ての事柄について教えてもらわなくては〝気付け〟ないような〝優等生〟に育てたくはない。また、本当に大切なことは言語化した途端に陳腐なものに成り下がり、浅い理解に留まってしまう。だから、敢えて〝ヒドゥン〟を選択するのである。

無論、ずっと〝気付けない〟生徒もいるので、どのタイミングで、どのようにその真意を語るかには頭を悩ませることとなる。

4、評価の対象

評価の対象は次の４つに大別できる。

①結果段階の量、②過程段階の量、③結果段階の質、④過程段階の質

ここで言う「量」とはテストの結果や模試の得点のことである。「質」とは、生徒の意欲や関心の深さ、視点の鋭さ、学問に対する真摯な姿勢、などを意味している。

生徒の学力や技能は、結果段階だけでは評価できない。過程段階を評価し、モチベーションを高めてやることも教育活動だからである。また、学習の強制によって「量」に対するモチベーションが低下し、「結果」が出なくなることもあるだろう。だから、④過程段階における「質」の評価は欠かせない。我々が担当するのは、心ある人間なのだから。

このように、結果だけで評価せず、評価の対象も「量」だけでなく「質」にも着目することで、初めて生徒の実態に肉薄できると言えるだろう。

こうやって文章にすると当たり前のことなのだが、①結果段階の量でしか生徒を評価しな

い教員は多い。

例えば、関東のある有名進学校は、試験の成績によってクラス分けを行い、席順を決めている。受験型の能力を可視化することによって生徒の競争心を煽り、学習へのモチベーションを高めようという戦略だ。こういう環境に身を置くと、それまで④過程段階の質の評価を好んでいた教員も、①結果段階の量の評価を絶対視し始めるそうだ。

同校の卒業生は「教員のことなんか一人も覚えてないですね。興味もなかった。大学に受かればそれでいいって考えていました。まあ、みんな予備校にも通っていたし、学校には卒業証書をもらいに行っていた、というのが本音ですかね」と苦い表情で話してくれた。

5、評価を表現するときの単位

評価の表現方法は、次の3つに大別できる。

①数字、②領域、③合否

演習やテストなどは、一般的に100点満点、10点満点、5点満点というように①数字で評価する。一方、論文や実験レポート、音楽や体育の実技のようなパフォーマンス課題などは、A・B・C評価や優・良・可・不可といった②領域評価が多い。また、英語検定や漢字検定などでは、③合否と①数字の両方の評価が提示される。

この3つの中から、課題の内容や特性、生徒の経験値やわかりやすさを考慮し、最も効果的な評価の単位を選ぶ。

以前、私が担当していた国語表現という授業では論文の執筆やディスカッションを行うとき、A・B・Cの②領域評価を行っていた。

あるとき、100名余りの生徒中、数名しかつかない最低評価である〝E〟をつけざるを得ない論旨破綻だらけの論文があった。E評価の論文を受け取った男子生徒は、震え出しかねない状態で青ざめた。私は「高校を卒業しちゃったら、文章力を上げてくれる場所はないからな。食らいついてこい」と伝えた。

それ以降、彼は奮起・奮闘し、平均ではB評価、一度はA評価を得るまでに成長して一年間の授業を終えた。

卒業直前に彼が「あのときの〝E〟は堪《こた》えましたね。でもあれがあったからメッチャ頑張れました」と言って照れ臭そうに笑った顔は、今でも鮮明に思い出せる。

もし、〝E〟ではなく〝0点〟という評価だったら、同じ結果になっただろうか。幅のある②領域評価だったので、たとえE評価でも一縷《いちる》の希望が見出せたのではないだろうか。

悪い評価をする場合、受け手の衝撃が少し弱まり、僅かばかりでも希望を持てるのが②領域評価ではないかと感じた事案だった。

6、評価の手法

評価の手法は次の３つに分けられる。
①客観性の高い評価、②ルーブリックを用いた評価、③主観的な評価

これまでの教育界は、定期テストや小テストのような①客観性の高い評価と、担当教員による③主観的な評価が、二項対立のような形で存在していた。後者の代表例は、音楽や美術などの実技科目である。

評価が平等で公平であることは、その評価行為の信頼性と強く連関する。多感な学生は不平等な扱いを受けることをひどく嫌う。ゆえに主観的な評価を用いざるを得ないときも、彼らが納得するような判断をしなくてはならない。この基本姿勢を崩すと、教員に対する信頼感が一気に低下してしまう。

私の同僚教員が、記述式の定期テストをしたときのこと。テスト返却時、生徒たちはいきり立った。採点基準が曖昧で納得がいかないというのだ。

隣のクラスで授業をしていた私は、騒がしさに違和感を覚えてそのクラスを覗きに行った。すると、十数名の生徒が教壇を取り囲んでいるのだ。女性教員は俯いたまま、教壇の下に潜り込んでしまわんばかりに身を縮め、しどろもどろに何かを呟いている。私はそのクラスに飛び込んで、次の授業できちんとした説明をするからと言って、とりあえず生徒たちを宥《なだ》めて着席させた。

この事件の導火線になったのは、一人の生徒に対するこの女性教員の振る舞いだった。生徒から採点が納得できないと言われ、そこですぐさま加点をしたというのだ。それを見ていた他の生徒たちも、同様に加点を訴えた。しかし生徒たちの主張する内容が多岐にわたり、加点の整合性もなくなり、女性教員には処理できなくなって収拾がつかなくなったという。

女性教員自身が作成した定期テストでこのようなことが起きるとは、私にとって全く想定外だった。公平な採点など、当たり前に守られる価値観だと考えていたからだ。こういう事案を目撃すると、教師の責任における③主観的な評価が、きちんとなされていくのか極めて不安である。

一方で、このような質的に曖昧さを持つ記述文や論文、レポート、研究に対して、公平かつ公正で意味のある評価をしようという試みが始まっている。これが②ルーブリックを用いた評価である。

ルーブリックとは、Aランクに該当する作品、Bランクに該当する作品、Cランクに該当する作品というように、実際の作品や解答を整理してまとめたものである。つまり、評価方法のわかり難い分野において〝わかりやすい物差し〟を準備しておく、という考え方である。

教員はこれを参考に採点・評価することが可能だし、評価に納得しない生徒にはこの〝物差し〟を提示することもできる。

ただ、全ての単元でルーブリックを作成するとなると教員の労力が膨大になる、質の低い教員には作成が不可能、有能な教師が作成したルーブリックのAとBの差異を他教員が認識できない、などという欠点が指摘されている。

7、評価時期

評価時期は次の3つに分けられる。

①事前、②活動中、③事後

これは、あくまで評価の「時期」の話であり、前述した評価の対象とは違う。

教育業界では、①事前の評価を〝診断的評価〟、②活動中の評価を〝形成的評価〟、③事後の評価を〃総括的評価〃という異なる用語で表し、違う機能を持っていると捉える。

例えば、総括的に行為の過程を評価することもできるし、単元や学年の開始時に、それまでの学習内容をどこまで理解しているか評価することもできる。
①診断的評価は、これから始める学習内容や授業構成の最適化のために用いる。②形成的評価も目的は同じで、授業方法・内容の微調整のために用いる。③総括的評価は成績決定や次単元の構想のために用いる。
どれかを一度行えばいいというわけではなく、誠実な教師であれば診断的評価・形成的評価・総括的評価を全て行っているし、教育現場にいる時間内は形成的評価をし続けている方も存在する。そういう丁寧な見守りは生徒にも伝わり、信頼が築き上げられていく。不断の形成的評価による極めて正確で的を射た言動が、生徒の心を揺さぶるからだろう。

8、評価者

評価者は、次の7つに大別できる。
①担当教員、②生徒自身、③生徒らグループ自身、④他生徒個人、⑤他生徒グループ、⑥他教員（学内）、⑦他教員（学外）や学外の大人

基本的な評価者は①担当教員だが、それ以外の評価者を設定することで、生徒の能力をより伸ばすこともできる。例えば、②生徒自身が自己評価を正当に行えるようになれば、自律に繋がるし、③～⑤生徒同士で評価ができるようになれば責任感が増す。

⑥～⑦担当教員以外の大人が評価をすると、代わり映えしない日常の教科学習に緊張感を生むことができる。学外の専門家が来てくれたときなどの生徒の力の入れ方はまるで別人のようだ。そして、このように集中力を高めて課題に取り組む経験は、ティーンエイジャーを大きく成長させる。

9、被評価者の単位

評価は、次の２つに対して行われる。

①個人、②グループ

①個人に対する評価が、日本の教育現場では当たり前のように考えられてきた。学力は個人に帰属するものであり、また学生時代の人間関係（グループ）が続くことは稀《まれ》だという認識がこの考え方を支えている。確かに、例えば九九の暗記と活用などは個人の能力が問われるものだし、受験も同様だ。

ただ、個人の能力だけで社会生活を円滑に営むことは難しい。なぜなら、極めて多くの人間が組織に属し、その組織に対して評価がなされることが多いからだ。

「トヨタやパナソニックの製品は素晴らしい」という評価の仕方は一般的だが、「鈴木さんの開発したものは素晴らしい」とか「佐藤さんは営業力が凄まじい」という評価はプロ同士のものに過ぎない。また、いい製品が開発できたり売れたりするのは組織の総合力と安定性があるからだ。だから、所属する組織やチームが活躍・成長できるように、協力し合い仲間を思いやる能力は必要不可欠である。

そこで私たちは、グループに対する評価にチャレンジし続けている。

最初は、グループ評価という説明をするだけで生徒たちから疑問や不平の声が上がる。しかしその主旨や目的を説明し、公正な評価をし続けると、だいたい1カ月後には納得してくれる。そしてその頃には、グループメンバーと話し合うことや協力し合うことが当たり前になるのである。

例えば私は、グループ単位でプレゼンテーションと質疑応答をする授業を展開してきた。グループ対抗戦の形をとり、どちらの主張が妥当で納得のいくものかを競わせるのである。国語力が増強されるのはもちろんのこと、相手グループよりも高度で肌理《きめ》の細かい論や政策立案、応答ができたとき、生徒の喜びは倍増する。逆に相手グループの後塵を拝したときの悔しさも倍増する。この経験が彼らに火をつける。

この授業で用いる題目は、次のようなものだ。

「本当に地球温暖化の原因は二酸化炭素の排出量増加か？」

「インフォームドコンセントを最も効果的に実施する方法は？」

「救急車の有料化は実施すべきか？」

「日本がこれから付き合っていく国の中で特に重要な国はどこか？」

「原子力発電政策を今後どのように展開していくことが日本にとって最適か？」

いずれも簡単に答えの出ない問いばかりである。だから調査にも時間がかかる。財源面、人材面、倫理面、哲学面、運用面、法的側面など、どこに質問が飛んでくるかわからないので、膨大なデータを収集する必要がある。そこで、協調性が強く求められるのだ。

この形の授業が波に乗り始めると、生徒の向学心が高まる。知らない世界を自分でこじ開け、論を組み立てる快感に取りつかれると言ってもいい。普段は決して訪れないホームページを覗いてみたり、決して手に取らない専門書を開いたりする経験に目を輝かせる生徒たちは、とても美しい。

10、評価の目的

教員側が評価という特権を振り回すには目的が必要だ。

その目的は、次の3つが考えられる。

①進学・進級、②状況認識・実力把握、③改善・修正

これらは大きく①と、②③のグループに二分できる。

前者の目的は、ある一時期の能力測定のためであり、後者の目的は、今後の成長のためである。しかし、教員側がそのように考えていても、生徒側は、全ての評価は〝一時期の能力〟を計るものと錯覚していることが多い。だから、テストの結果に一喜一憂する。これは保護者も同じである。

だが、学力を着実に伸ばし、志望校の合格を勝ち取る生徒やそのご家庭は違う。その時点で、自分は何ができていて何ができていないかを認識するための物差しとして評価を用いる。だから、一喜一憂して慢心することや自己を見失うこと、モチベーションを低下させることもない。

意外に思うかもしれないが、教育活動において、ある一時期の能力測定に用いられる評価

は非常に少ない。進級判定試験、中学・高校・大学入試、資格試験ぐらいのものではなかろうか。

理由は簡単だ。教員は生徒を伸ばすことに尽力する生き物であり、伸びたことを喜ぶ感性を持っているからだ。前はできなかったことができるようになったというのが、最大の喜びなのである。

したがって、定期テスト終了後などに親御さんから「この点数はひどすぎますよね」というような電話をもらうと困惑する。それまでできなかったレベルの問題ができるようになったかどうかを全て無視して、点数だけで判断していることが多いからだ。もちろん他にも、平均点、点数の中央値、偏差値、問題の質や量など、考慮すべきことは多々ある。

こういうことが起きるのは、日本の教育現場が、テストや評価の目的を語らないまま教育文化を形成してきたことの弊害だろう。心ある教師が孤軍奮闘してきちんと説明している姿には切なさすら感じる。大部分の無自覚な教員が、通知表を書くためだけに評価をするという段階に留まり、生徒や保護者もそれを当たり前のように受け入れ、問題意識すら持たない状況があるからだ。

11、評価方法・評価基準の説明

①あり、②なし

評価方法と評価基準を、生徒に説明するか否かということである。評価方法の説明はほとんどされない。だが、私は説明すべきだと考えている。特に高校においては。そうすることで、生徒が評価方法や評価基準について意識的になるからである。もし評価方法・評価基準が妥当でなければ、勝てる闘いにも勝つことができない。だが、日本人は、どんな状況、どんな評価方法・評価基準でも勝つことを美しいと考える。だから教員も生徒も、評価方法・評価基準というルール設定に無頓着なのだ。

しかし世界の論理は違う。自分たちの利益に直結するように評価方法や評価基準を変更することが重要だと認識し、そのためには争いも辞さない。スポーツのルール改正、あるいは関税交渉や環境汚染物質の国際的な規制などの外交交渉は、ルール設定や評価基準設定の争いに他ならない。このような交渉において、日本は過度に慎ましく、外国勢の意見を呑むことが多い。それでは国益など守れるはずがない。

このような疑問から、私は評価方法・評価基準の説明はもちろん、生徒と〝ルールミーティング〟を実施することもある。このような公正な姿勢は、生徒のやる気を向上させる。自分たちがどのようなルール・基準・方法・評価者によって判断されるのかが明確になると、気兼ねなく課題に取り組めるようだ。また、そこから最も効果的な戦術を編み出すことも可能である。

例えば、論理力の勝負をするとき、先ほど紹介した「プレゼンテーションと質疑応答のセット」と、いわゆる「学校ディベート」のどちらの方式で議論をするかルールミーティングで問うたところ、調査能力に自信がない、あるいは相手グループに強力なリサーチャーがいる場合、論点を絞りやすいディベートを、逆に調査能力とその情報処理に自信のあるグループはプレゼンテーションと質疑応答のセットを希望した。このように高校２年生でも、ルールに対応した戦術の選択が十分にできるのである。

このように評価方法・評価基準の説明は、十分な教育的効果がある。だから、生徒にはできる限り説明をする、あるいはそれを生徒とともに決定する姿勢が必要ではないかと私は考える。

12、評価結果の説明

①あり、②なし

評価結果を生徒に説明するか否かということである。

回収したノートやプリント、レジュメやテストを本人に返却しないなど言語道断だが、その際、評価結果について説明をするか否かは議論が分かれるところだ。

定期テストの評価結果の概説をすることは、教員なら誰でもやることだ。

ではレポートやレジュメはどうか？　しっかりとした評価結果の説明があるだろうか？

私にはそう思えないことが多かった。

国語の論文で論理矛盾のアドバイスをしてしまった教員、英語や数学の問題集ノートを何もチェックしないで返却する教員、生徒にレポート執筆を何本も求めておきながら、一度も実験における前提条件の重要性や仮説を立てる方法の指導をしない理科教員など、生徒のためにならない低レベルの評価者が少なくない。そういう状況なのに、より高度な専門用語や概念、細かい文法などの説明を加えようとするから生徒が混乱する。こんなシーンを幾度となく目撃してきた。

こういう教育を受けながら成長できる生徒は、批判精神を持ち、俯瞰位置から冷静にその教育活動を観察できる者だけだろう。真面目で純粋な少年少女たちは、教員の地位にいる者を信じ、泥沼にはまっていく。

13、評価後、成長に向けてのアドバイス

①あり、②なし

これは、評価後に成長に向けてのアドバイスをするか否かということである。

評価後のアドバイスは肝要である。これは基本的に〝あり〟を選択してもらいたい。そうでなくては、教育にならないからだ。

こう言うと「当たり前だ」という声が聞こえてきそうだが、そういう人の実践を聞くと、アドバイスに値するものではないことも多い。

例えば、次のようなケースだ。

私が参観した授業で、感想文の返却をする実践があった。担当教員は30代の男性。その小学校のエースだと彼の同僚教員から聞いた。

男性教員は授業前の休憩時間を使い、児童一人ひとりに感想文を返却していた。全員に対して、一言の褒め言葉とともに。児童は満面の笑みで受け取り、着席する。ガッツポーズをする子やそれを見て笑う子を観ていると、ほのぼのとした気持ちになる。実際、クラスの雰囲気は徐々に温まっていった。隣で見ていた参観教員が「心を惹きつけているなあ」と呟い

た。その通りだと思った。児童たちはあの男性教員が〝好き〟なのだということもわかった。否定すべき実践だとは思えない。

だが、強い違和感も残った。感想文を必死に書いた児童と適当に書いた児童は存在しなかったのだろうか？　その作品に巧拙はなかったのだろうか？　自己を表現する方法が感想文しかない、という児童はいなかったのだろうか？

このような疑問が違和感の正体だった。

言い換えれば、感想文をコミュニケーションのためだけの道具にしてしまい、児童らの思考や観点、執筆力などへの言及は薄く、手抜きなどに対する指摘は皆無だった。

親和的なコミュニケーションを成立させるのが目的なら、別の方法がいくらでもあるだろうし、感想文を書かせたのであれば、その目的により近づけるようなアドバイスを提供すべきではなかろうか。

このように述べるのは、教科指導は生徒指導の踏み台ではないし、生徒の成長に向けた適切なアドバイスができてこそ教師なのだと考えるからである。

14、特殊事情の考慮

教育現場で考えるべき、ある特殊事情が存在する。少なくとも私は確実に考えるべきだと思っている。

特殊事情とは「基礎・基本の知識や技能習得をする際の障壁となってしまうような事情」のことである。具体的には、生徒の病気や心理状態、過去の経験、家庭の事情などだ。

この観点の必要性を説明する前に、一般的な教育システムについて触れておきたい。

我が国の学校教育システムは、長らく工場型を採用しており、一定の品質を維持することを目指してきた。言い換えれば、特別な案件や不良品については、適宜、個別に対応するスタイルを採用してきたということである。前述したように、監獄の監視システムを起源とする（＊２）この教育方式は、一定の品質を維持するには効率が良く、経済的合理性にも合致したため世界中に広がった。

ただし、このシステムが経済的合理性に合致するためには、ある条件を満たさなくてはならない。それは扱う対象が心を持たない、あるいは心理変化をしないということだ。もちろん、人間には心があり、その心理は状況に応じてどんどん変わっていく。また、心はその人の能力や生き方だけでなく、他者や社会にも影響を与える。心にはありとあらゆる変化の可能性がある。全ての対象が良品であり不良品である面があり、一定の品質を維持するなどということは不可能だ。つまり、対象となる全てが特別の案件になるため、本来であればベルトコンベアーの上には載せられないのである。

言い換えれば、全ての生徒に対して個別の対応が必要であり、そういう存在を同じ鋳型で育成するには無理があるということだ。心から離れた基礎的な知識や技能であれば、それも多少は可能かもしれない。だが、小学校1年生ですら、すでに大きな学力差がついているという報告がある。(＊3) 私自身が見聞きしてきた範囲でも、幼稚園時代から英語や算数などを習っている児童も少なくなく、そうでない子との学力差は開く一方だと感じる。

だとすれば、この工場型教育システムは根本から再考しなくてはならない、ということになるだろう。

だが、言うは易く行うは難しで、個別対応には教員の能力と時間の限界がある。

例えば、私が中等教育機関の学校教師として年間に担当できる生徒の限界値は240名である。個々の生徒の情報や能力を把握し、社会情勢などを考慮した上で最も意味あるアドバイスができる人数の上限が240名という意味である。ただしこれは、私が文化部の顧問を務めていたときの人数であり、活動が活発な運動部の顧問だったら半減することは火を見るより明らかだ。

２４０名の生徒と、彼らの提出物を全力で見て分析し、同時に教科の研究や授業作りを行うだけでも、労働時間は一日12時間程度にはなる。これに加えて入試問題の作成や必要最低限の読書をすれば、土日や祝日なども簡単になくなる。すると私の場合、年間の労働時間は４０００時間を軽く突破する。労働基準法違反も甚だしい状況だ。この働き方を他の教員に求めることはできない。だから、全ての担当生徒に手厚い個別対応をすることは、時間の制約があり不可能なのだ。

そうすると、工場型教育システムの価値が再浮上してくるのだ。そして、生徒に身に付けさせるべきものが、基礎・基本の知識や技能に傾いていく。

ここで話はこの節の冒頭に戻る。前述した、教育現場で考えるべき特殊事情とは、すなわち「基礎・基本の知識や技能習得をする際の障壁となってしまうような事情」ということになるのだ。

だから全国の教員は、他生徒の授業妨害をするような生徒の取り締まりに奔走する。また、不登校やＬＤ（学習障害）、ＡＤＨＤやアスペルガー症候群の傾向のある生徒の支援に注力することになる。生徒が必要な知識を記憶したり、技術を習得したりするには、落ち着いた心理でいることが大切だからだ。

これは同時に、真面目で基礎・基本の知識・技能に大きな問題を抱えない生徒との交流を減らすことを意味する。慎ましくベルトコンベアーに載っている生徒も、ちゃんと心を持った存在であるにもかかわらず。

このように書いている私自身、平等性を上手に確保できている、あるいは全ての生徒の心をしっかり見ることができていると胸を張るのは憚られる。ただ、担当した生徒を世界中の誰よりも丹念に見ると誓い、生徒にも宣言する。そして、次のような実践を行う。

知識や技能の習得に困難を抱える生徒がいる場合は、まずその原因を徹底的に追究する。それが医学領域のものか、家族に起因するものか、学校内の人間関係、あるいは学外の人間関係に起因するものか、能力に起因するものか、過去の躓きに起因するものか、といったような分析である。もちろん、これらが複合していることもあるし、本人がその原因を特定できていないことも多い。このような事情を少しずつ紐解き、求められるラインに到達できるように導いていくのである。

特に問題のない生徒については少しずつ手を離し、一人で学習課題に取り組めるようにする。まず、生徒が課題の中で間違えた箇所や、ぶつかった壁について原因分析から解決までを一緒に行う。次に、自分一人での振り返りからの修正という流れを作り出せるようにアドバイスをする。このアドバイスだけなら、最大でも一人５～10分で済む。２４０名なら２４００分、40時間である。これを年に７、８回の課題返却時に行う。

理解の早い子は２回目からこの流れを一人で行えるようになる。だいたい１～２割の生徒がそれに該当する。すると、その生徒にかける時間を２分以下に減らすことができ、残りの時間を他の生徒に使える。時間的には不平等だが、指導内容の質は落とさずに済む。

前述した特殊事情を全て、そして平等に考慮すべきかどうかの判断がまた難しい。

考慮すればするほど、クラスや集団全体のカリキュラム消化率は落ちる。クラスメイトとの差も広がる。だが、考慮しなければ、生徒はその能力を生涯身に付けられないか、学習全般に対する苦手意識や嫌悪感を抱くことも想定される。この両極の幅の中で、どのレベルが彼らにとって最適かを熟考し、アドバイスをして導くのだ。これが教師の仕事である。

私が毎日深夜に行う一人反省会の議題の99％は、生徒の実状と私が行った教育行為との間の整合性についてである。整合性が高ければ生徒の成長に寄与できていると判断可能だし、整合性が低く、効果の薄い教育実践だったならば、その授業は早急に改善しなくてはならない。

ちなみに、若い教員を育てる立場になった今も、深夜の反省会ではほぼ毎日授業改善を突き付けられている。数日前の判断を振り返っても冷や汗が出るものばかりであり、数年前の判断などを振り返り始めたら、夜も眠れない。

「あのアドバイスで良かったのか」「もっといい指導があったのではないか」「経験と知識があればもっと彼らを前向きにできたのではないか」などと、悔恨の念が積み上がっていく。

若い世代の人生や思考の方向性、精神的屈強さなどの養成を担う責任に押し潰されそうになりながら、謝罪と反省を繰り返す日々である。

＊1　『道徳に係る教育課程の改善等について（答申）』中央教育審議会（平成26年10月21日）pp.1-17 http://www.mext.go.jp/b_menu/shingi/chukyo/chukyo0/toushin/__icsFiles/afieldfile/2014/10/21/1352890_1.pdf

＊2　教育史を紐解けば、靴職人などの徒弟制度が中世・近代の教育システムの起源だとわかる。その後、刑務所の効率的な監視システムを真似て、一空間において一人の教師が多数の生徒を一斉に指導する方式へと収斂していく。

＊3　松原達哉の研究「生まれ月からみた児童・生徒の心身の発達差に関する縦断的研究」日本教育心理学会14（1）（1966年、pp.37-44）によれば、国語と社会科では最大約５％の学力差が発生するとされている。なお、身長差は１％強であることも併せて伝えている。

第4章　教員の成長

4－1　教員の成長過程

離脱する教員

新人教員は通常、4月1日に赴任して10～14日程度で授業を始めなくてはならない。このスケジューリングについて「教員として授業力を身に付ける期間がないから厳しい」という意見をよく耳にする。確かに一般企業であれば、研修期間をしっかりと確保してから現場に配属するところも少なくない。だからこの意見は、教育研究者にも受け入れられやすい。

ただ、実際の教育現場では、未熟練教員も実力のあるベテラン教員も生徒から見たら同じ〝先生〟なので、そんなに悠長なことは言っていられないという空気感が強い。だから先輩教員たちは、「生徒からすれば、皆同じ先生なのだから頑張れ」と、未熟練教員に発破を掛けける。

だが、どんなにモチベーションを上げても、技術は練習を重ねなければ身に付かない。技術が伴わないまま行われる授業は、生徒には無駄で過酷な時間と認識される。いわんや、教員がその教育実践中に失敗でもしようものなら、生徒は容赦なく批判を浴びせる。

よくあるのは、「何を言っているのかわからん」「先生の授業、つまんない」「〇〇先生の方が良かった」という批判で、辛辣なものになると、授業に対する批判から大きく外れ、教員の人格や存在の否定に及ぶ。「こっち見んなよ!」「キモイ」「ウゼエんだよ」「死ね」といった類のものである。また、言葉以外にも、明らかに教員を蔑《さげす》んだ表情、居眠り、私語、手遊び、内職、エスケープなど、様々な方法で未熟練教員を切り裂いていく。これが原因で、赴任早々に離脱してしまう教員も少なくない。

こういう現実の厳しさを乗り越えるのが、社会人としての最初の試練だという意見もわかる。だから、その程度のことを乗り越えられないような人間のことは早々に諦めて、別の人間を採用すればいいという考え方も理解できなくはない。

ただ、私としては、教員が年度途中に代わることの、生徒への悪影響を考えてしまう。

実際に、私が生徒から聞いた言葉を紹介しよう。

「あの先生が鬱になったの、私たちのせいなんです」

「林先生、あいつ（不登校になった教員の名前）が学校に来なくなったの、俺のせいかな」

どちらの生徒も、真面目に悩んでいた。

こういうとき、人生にはそんな経験も必要だと、ポジティブに捉えるようアドバイスをするだけでいいのだろうか。あるいは、もし生徒が本当に教員を追い込んでいたとしたら、厳しく指導すべきなのだろうか。

こういう問題意識から、私はこれまで、現場から精神的・物理的に逃走しそうな教員、あるいはすでに逃走してしまった教員について詳細な情報を収集してきた。

その結果、ほぼ全てのケースで、プロとして必要な授業力、あるいは人間関係構築能力のいずれかが強く相関していることがわかった。端的に言えば、本業の実力かコミュニケーション能力に問題があったということである。だから、離脱・逃走という結果だけから判断して、当該教員に対する生徒の批判的行為を指導することは危険だと言えよう。

素直さとコミュニケーション能力

本業の技術は確実に伸びる。そのための必要条件は素直さだけである。

一方でコミュニケーション能力は、元々持っている者とそうでない者の差が激しい。そして伸び率や改善率も悪い。まれに、研修プログラムとは関係ない、当該教員の病気や親族の死といった偶発的な出来事によって伸びたり改善したりはするが、意図的に習得させることは難しい。

すると、採用や選考試験が重要度を増すことがわかる。やるべきことはただ一つ、素直でコミュニケーションのできる人間の採用である。こんなに当たり前のことがなぜ実現されないのか？ もしくは、採用は適正に行われているにもかかわらず、その後の育成がうまくいっていないのだろうか？

ここには、2つの大きな問題点があるように思う。

一つは、実際の教育現場には、素直さやコミュニケーション能力が意味をなさない文化があるということだ。

どういうことかと言うと、多くの残念な先輩教員と責任感のない管理職に取り囲まれることで、彼らの持つ素直さが、その残念さと無責任さをそのまま吸収してしまうケースである。

実例を挙げよう。

30代半ばの女性教員が、意欲に燃えて非常に多くの仕事を抱えていた20代半ばの女性教員に対してこう言った。

「あなた、そんなに働いて幸せなの？　仕事はほどほどにして、ちゃんと女として生きなさい。結婚して子どもを産んで、初めて一人前なんだからね」

その30代の教員は、生徒から大量のクレームが出る存在だった（過去問題の解説をしない、きちんとカリキュラムを消化しない、定期考査で自分の担当クラスを優遇するなど）。にもかかわらず、20代の教員は大いに悩んだ。一生懸命取り組んできた仕事を否定されたのだから、動揺が生まれるのも無理はない。

結局、素直さが裏目に出てしまったのだろう。20代の教員は、残念な教員の一言で自分の働き方を見直してしまった。事実、彼女は婚活を開始し、同僚からは「以前の半分程度の仕事量になりましたね」と言われるようになった。

まさに低レベル教員の再生産である。

つまり、採用試験で適切な人材を採用したとしても、その合格者がプロフェッショナルとして順調に成長できるのは、上司や同僚に恵まれたときだけであり、現在の教育界においてその確率は悲しいかな、高くはないのだ。

もう一つは、採用担当者の実力不足と教員志望者のレベルの低さである。

一般企業であれば、人事担当は組織の要衝である。ところが公立学校では、その要衝に就く人間を教育委員会の持ち回り人事で決定してきた。

「給料は税金から払われ、採用した人間とすぐに一緒の職場になることもないですからね。人事担当者の人選なんて事務作業の一環ですよ」とは、関西の教育委員会出身の教員の弁である。

特に採用試験における合格倍率が低い都道府県や市町村では、ペーパーテストの結果と出身大学、そして何らかの縁故が合否を分けていると言ってよい。真に教師向きの人材を採用できていると考える業界関係者は、皆無ではなかろうか。

公立に限らず、経営不振に陥れば廃校になる可能性がより高い私立の学校でも、人事のプロパーを養成しているという話を聞いたことがない。加えて、公立の教育委員会のように人事の専任として仕事をすることはほとんどなく、生徒募集や日々の授業、問題生徒の生活指導や保護者対応など、その他の業務と並行して行っているのである。公立と五十歩百歩と言っていい。

先輩教師は、このような人材育成環境・採用面における貧困状況を踏まえながらも、生徒のためになる教師に成長させるべく、若い教員たちを導かなくてはならないのだ。

重要な先輩・同僚からの助言

では、幸いにも素直さやコミュニケーション能力を持つ若手教員や未熟練教員は、どのように成長していくのか?

自己研鑽以外で最も効果的なのは、先輩・同僚からの助言である。(*1) だから、先輩や同僚と親しい関係を築ける人材が必要だというのは正しい理解だろう。

これは同時に、先ほどの批判——研修を受ける暇がないまま教壇に立たなくてはならないから厳しい、制度が未成熟——は正鵠を射ていないことになる。むしろ相談できる人間関係がない、あるいは人間関係が希薄であることこそが問題とされるべきなのである。

その点、小学校と、中学・高校では大きな差がある。

小学校では一般的に、授業が終わり、生徒の下校が完了すると、教員同士が教員室の席に座って雑談できる。そこで若手は先輩に相談したり、質問したりすることができる。

一方、中学・高校ではその時間、部活動や委員会活動、補習などが慌ただしく開始される。

朝礼で会って以降、その日は二度と会わない教員も多い。つまり、教員間の物理的な接触が確保できない労働形態になっているのである。

こういう労働形態の下では、若手の教員が普通のコミュニケーション能力を持っていても成長速度は遅くなる。また、学生時代を真面目に過ごしてきた〝優等生〟教員ほど、〝忙しい先生に私事で迷惑をかけてはいけない〟と自主規制をする。そのことでさらに伸びが小さくなる。

したがって教師レベルにまで伸びる教員は、素直さとコミュニケーション能力に加え、貪欲さが必要と言えるかもしれない。

前述したように、素直さを失い、傲慢な自己を築き上げてしまった後に、自己改革をするのは非常に難しい。少なくとも私は、モンスター・ティーチャーになった教員を人間に戻す方法を身に付けられていない。だからこそ、新人のうちに伸ばせるだけ伸ばすことが必要だと思う。そしてそれは、我々教育業界で生きる者の責務である。なぜなら、その結果は生徒の利益と日本の未来に直結するからである。

教員の成長の事例

ここで新人教員が〝教師〟へと変貌を遂げた好例を紹介しよう。

その男性教員は、28歳のときに私の勤務校に赴任してきた。身分は常勤講師。大規模にチェーン展開する学習塾の生徒向け授業評価アンケートでナンバーワンを取り続けていた人物だった。担当科目は生物。

赴任早々、彼は、ベテランの理科主任の授業を参観に行った。その授業は惨憺たる内容だった。彼は「もうね、何をやっているか全然わからなかったんですよ。これで〝主任〟なんだなあって思いましたし、〝学校〟より〝塾〟の方が上やんけって感じたんですよ」と回顧する。

それ以降、彼は他教員との交流を徐々に避けるようになった。

「もう誰と話をしても無駄だと思っていました。と言うのも主任さんの授業を観た後、他の先生の授業もかなり観させてもらったんですよ。でもねえ、やっぱり〝塾〟の方が圧倒的に上でしたから」と苦笑いを浮かべる。

彼が孤立感と諦念の情を募らせていく過程で、私は彼と話す機会に恵まれた。彼が教員の授業レベルの低さにイラついていることや、他教員を小馬鹿にしていることは手に取るようにわかった。

「この学校の状況をどう思ってる？」

私は直球の質問を投げた。最初は模範解答でかわそうとしていた彼も、最終的に、仕事がつまらないこと、同僚の実力を期待外れに感じていること、自分の成長において得るものがないことなどを吐露した。

この交流がきっかけで、私は彼の授業を参観することになった。

確かに上手な授業だった。話はリズミカルで生徒はほぼ全員集中している。明らかな離脱行動に出ている者は一人もいない。

しかし、生徒の思考は一定のところで止まっているように感じられたし、説明不足も多々あった。つまり上手なだけの授業だった。言い換えれば、生徒が自己の人生とその授業内容や学びを結びつけて成長できるような実践ではなかった。

その授業後の反省会で、私は彼を怒鳴り散らした。教員室のど真ん中で。

それは、授業内容の検討以前に、彼の〝学ぶ〟態度に問題があったからだ。

「あの説明じゃあ、生徒はわからねえなぁ」

と口火を切ると、彼は言下に反論しようとする。

「いや、でもあれは……」

次の瞬間だった。

「おい！　お前誰に向かって口答えしてんだ！　そこに座れ!!」

怒声が教員室中に響き渡る。

そこから彼の凝り固まった態度や薄っぺらな自信を切り崩し、生徒目線からのアドバイスを重ねた。

「悔しかったですねえ。帰りに車の中で泣きましたから」

彼はそう振り返る。

この事件以降、彼は変わった。私の授業を参観に来たり、質問や相談に来たり、時には私の帰りを待っているなどして食らいついてきたのだ。非常に素直で懸命な姿勢に、こちらも本気で彼を育てようという意識を強くしたことを覚えている。

それから数カ月後の生徒向け授業アンケートで、彼は本校全体の２位、担当の理科ではダントツの１位に登り詰めた。凄まじい成長であった。

今、彼は大手予備校の教壇に立ちながら、多くの生徒を導き、やはり好成績を上げ続けている。

これは、私の後輩指導歴においてもうまく成長させられた例である。この成功には、彼の〝素直さ〟や〝貪欲さ〟が大きな要素として存在していたことがわかる。

4-2 一流の教師に必要な、その他の技術

生徒の心理理解

一流の教師は何をしているのか？

どのようにして一流と呼ばれるまでに成長したのか？

私はこのことに強い興味を持ち、昭和以降の〝名教師〟と呼ばれた実践家たちの著書を片っ端から読み、現在、高い評価を得ている授業実践をできる限り見学した。

前者の代表的なものは、東井義雄、小西健二郎、無着成恭、阿部進、斎藤喜博、大村はま、大西忠治、有田和正、野口芳宏、遠山啓などの著作である。

後者の代表的なものは、秋田大学教育文化学部附属小学校、熊本大学教育学部附属小学校、信州大学教育学部附属長野小学校などの研究会である。

これら過去と現代の最高峰の教育者たちが最も重視するのは、生徒の心理理解である。

昭和の名教師・阿部進教諭は、高校時代の教師の指導と映画『忘れられた子等』に感銘を受け、教員への道を歩き出した。教員免許は取得しておらず、臨時免許状（各都道府県内のみで有効で、有効期限がある免許状）での船出だったことからもわかるように、計画的に教員を目指したわけではなかった。

その彼が小学校1年生の担任になる。授業のやり方などわかるはずもない。騒ぎ出す児童に対して大声で怒鳴るだけの指導。ほどなくして彼は教職に就いたことを後悔する。教室で児童がおしっこを漏らしたからだ。

このとき阿部は、学年主任のベテラン教師からこう諭される。

「また誰かもらしちゃったんでしょう。え、そりゃもうわかりますよ。一年生はしょうがないんですよ。女の子でしょう。男の子より女の子の方が多いはずですよ。阿部先生は声がよくとおって大きいからびっくりしちゃうのね。だから緊張するでしょう。一生懸命、先生のいうことをもらすまいと思うとついおしっこが近くなっちゃうのよ。おしっこもらす子は、それだけ先生のいうことを一生懸命きこうとしているのよ。しかっちゃだめ！」

これを契機に阿部は、ニコニコ戦術に切り替える。また、「いま目の前にいる子どもたち

の考えていること。しゃべっていることばの意味、を内側に入って考えてみよう」と意識変革を試みるようになる。(＊2)

あるいは斎藤喜博もこんな事例を紹介している。

斎藤が校長を務める学校に、他県の教員が参観にきたときのことである。

「参観者を案内して、二年生の教室へはいって行った。振り向いてにこっとする子、『校長先生』と小さい声で呼びかける子、手をあげたり、こっくりしたり、手を私の手にさし出したりする子、それがみんな親しいあいさつだった。

ひとりの女の子が私に向かって『先生ここにかけな』といって、となりの子の方へにじりより、あいた席を指さした。私がそこへかけると、にこっとして肩につかまった。すると他の三人の子どもが、『先生、ここがあいてる』と、参観者に向かって何度もいった。だが、参観者はそれに気づかなかった。（中略）よさとか美しさとかが見えないということは、そういうものに感染《ママ》するこころが教師にないということだ。私は教師は、そういうものに、微妙に感動する心を持っていなければならないのだと思っている。

授業の場合でも同じである。授業で大事なことは、教師に、他人の心がよくわかり、他人の心によく感染することができるかどうかである[*3]」

前節までに述べてきたことを真摯に実践するだけで、生徒と十分な交流が可能だが、一流の教師を目指すのであればもっと深い交流を実現させたい。

深い交流のためには、相手の気持ちがわかること＝心理理解が欠かせない。とは言え、人の気持ちがわかるというのは極めて難しいことだ。だから、多くの教員や大人も、正確に理解できなくてもいいと言う。

しかし、難しいからと言って、心理理解への挑戦を止めるのであれば、生徒に対しても挑戦することを求めてはいけない。倫理的に間違っている。

そこで、先ほど挙げた、最高の教育者たちによる生徒の心理理解の方法を、私なりにアレンジし、実践しやすくしたものを紹介させていただく。これは後輩教師たちにも好評だった、

他者心理理解は個々人のセンスに依存するもの、と諦めてしまわずに、挑戦してほしいと思う。

生徒のストレス耐性を把握する

まず、心理は時とともに変化するという前提に立つ。この無常観が大前提となる。もしこの前提を無視して指導や授業を行う教員が、あなたやあなたの家族の担当になったら、運の悪さを嘆いた方がいい。そして、我慢を覚える機会と捉えるか、転校を選択すべきだ。その教員の指導を受けても、本質的な意味で得るものは何もないからだ。

人間心理や人間関係が無常であるという前提に立った上で、私は、自分が担当する生徒が持つ心理の幅を調べる。4月に新しいクラスが始まり、ゴールデンウィークが明ける頃までには把握することを目標にする。もちろん、それまでに全ての感情変化や性向を捉えられればベストだが、そんなにうまくいくことはほとんどない。だから、把握したい性向を優先順位付けする必要がなる。

中でも確実に調べたい性向は、どこまで厳しい指導に耐えられるかというストレス耐性である。

これが把握できていないと、教員が〝厳しい指導〟と考えている領域が、生徒にそうとは捉えてもらえず、〝メッチャ怒鳴られた〟とか〝超うぜえ〟といったネガティブ感情だけが残る結果になってしまう。フォローに失敗すれば、永遠に埋められない溝を生むことになる。

その状況は互いに不幸なので、生徒のストレス耐性をなるべく的確に捉えようと試みている。ストレス耐性を計る方法として、私は、〃一対他〃の状況で厳しい指導を行い、そのときの表情を記憶するということをしている。生徒が〃細かすぎる〃と不満を感じるレベルで、生徒の無礼を取り上げ、クラス全員の前で叱るのだ。

これまでは、人の話を聞くときに頬杖をついているとか、人の顔を見ないでいるといった〃無礼〃を利用してきた。怒鳴り散らすレベルより２段階ぐらい静かな大声で指摘する。教室内は、その事案で一色になる。

これをある程度素直に理解できるレベルの耐性があれば、成長することは間違いない。逆に、自分の情動を抑えられなくなる生徒や恐怖で従順になるだけの生徒には個別の対応が必要になるな、というように基準値を設定する。

また、この基準値は、生徒の自分に対する信頼度の尺度としても使える。

例えば、該当生徒との付き合いが数カ月経った時点で、先ほどと同レベルの指導をしたときにどのような表情を浮かべるか見て取り、比較をするのである。その顔が以前と変わらなければ、信頼度も変わらない。納得しているようであれば、自分に対する信頼度は向上しているかもしれない。逆に、不満な表情であれば関係が悪くなっているかもしれないと仮説を立てることができる。今度はその仮説に則って指導の仕方を選択する。

この性向の把握を、落ち込み方、憤り方、喜び方などでも行うと、生徒の変化をかなり正確に捉えることができる。

この手法を自分なりに確立し、修正を重ねていく過程で、「先生には全て見透かされているような気がする」と言われるようになった。重要な変化の捕捉率が8割を超える年もある(これは変化の有無に限ったことで、変化の要因はわからない)。

生徒の心理把握が功を奏した事例を紹介しよう。

いつも笑顔で明るい高校2年生の女子がいた。

私が授業でグループ討論を行ったときのことだ。机間指導の最中に、その生徒がいつも以上に明るく振る舞い、笑顔を振りまいている場面に遭遇した。違和感が胸騒ぎになっていく。

授業終了後、その生徒を呼び、二人きりで話すことにした。場所は、校舎の死角になるところを選んだ。すると、生徒は表情をみるみる曇らせ、涙をこぼしながら、「好きでもない男と……セックスしてん」と漏らした。その後、自分は〝いい子〟じゃないし、〝汚れた〟存在なのだと泣き続けた。

他の生徒に見られない場所を選択し、その話を聞き出すことができたのは、その生徒の感情や心理に関する記憶があったからだ。このことに胸を撫で下ろしながら、彼女の話を徹底的に聞き、慰め、前向きになるようアドバイスをした。

もっとも、一度記憶した生徒の感情の振れ幅に縛られることは得策ではないし、その感情の振れ方から大きな摩擦が起きると予想できても、生徒に言わなければならないことはある。ただ、平時において、できる限り生徒の心理を捉えることは必要不可欠であり、そのための方法論は欠かせない。

＊1　例えば、岐阜県教育委員会がまとめた「高等学校教員の力量向上や成長について」(岐阜大学教育学部　教師教育研究4、2008年) という論文では、教科指導力向上のもととなったものの2位に「教員の助言や実践見聞」が上がっている。なお、1位は「個人の実践での気付き」である。あるいは、秋田喜代美が「教師の成長を支える同僚性」として日本教育心理学会総会発表論文集40 (1998年) において同僚性の重要性を説き、福井雅英が現場教師の立場から「『子ども理解のカンファレンス』を通しての同僚性回復と成長の課題」(日本教育学会大会研究発表要項62、2003年) と題して、同僚性を取り戻すことの有効性を訴えるなどしている。
＊2　阿部進『教師の条件——人間づくりの道』明治図書出版、1958年、pp.85-97。
＊3　斎藤喜博『授業入門』国土社、2006年 (初版1960年)、pp.83-84。

第5章　授業について

5つの授業形態

生徒に、知識や指示内容を伝えたいのか、計算や実験操作の技術、音楽や体育の技術を身に付けさせたいのか、はたまた知的好奇心を揺さぶりたいのか――。

こういった〃生徒に身に付けてほしいものとその到達点〃によって、授業の型は選択されるべきである。無論、これは授業に限ったことではなく、全てのコミュニケーションに当てはまる考え方だろう。

しかし現実には、生徒に身に付けてほしい内容と、授業の型が合致していないことも多い。この章では、その効果的な組み合わせを解説していく。

なお、授業の型の区分には様々なものがあるが、現場の観点から一般性の高い5つにまとめた。

なお、1つの型で授業が成立することは考えにくく、複数の型が組み合わさって授業の体を成す。この前提に立ってお読みいただけると幸いである。

5－1　講義型

講義型授業の典型例は、大学の大講堂で行われる授業や講演会だろう。教員や講演者が知識を一方的に受け手に伝えていくという授業形態である。

この形態は、大学や講演会ならば成立するのだろうが、小学校はもちろんのこと、中学や高校で講義のみの授業は相当に難しいと言わざるを得ない。集中力が切れてしまう可能性が高いし、そもそも児童や生徒の関心を45～50分も惹きつけられる話術を持つ人間などほとんどいまい。

また、仮に長時間、関心を惹きつけられたとしても、受け手がその内容を記憶してくれるかと言えば、そうではない。その場限りのエンターテインメントであればそれも許されようが、学力形成となるとそういうわけにはいかないだろう。

しかし、授業の一部では講義型を選択せざるを得ないことも多々ある。その場合、説明・解説部分を極力シンプルかつ短時間にすればやりやすく、生徒も理解しやすいだろう。

この講義型を何と組み合わせるのかについては、以下のそれぞれの型に関する解説をお読みいただきたい。

5－2　演習型

演習型は、受験対策の過去問題や計算ドリルなどをメインに置く授業形態である。極端に言えば、必要なのは最初の指示だけなので、始めやすい授業だと言えよう。

次に考えるべきは、演習終了後の解答解説をその場で行うか、解説書を配るなりして読ませるのか、回収したプリントなどに教員がアドバイスを書き込むか、といったことである。

かつての同僚に、問題解答後に解説書を読ませるだけの教員がいた。

「あの先生、サボッてますよ。自分で全然説明してくれないんです」という不満を多数の生徒から聞いた。指導するも改善されず、「解説書を読んでおいて」と指示をするだけだった。

これは極端な事例だが、解説書を音読して解説したと言っている教員は少なくない。これで授業料をもらえると考えているのだから、お気楽という他ない。

解説やアドバイスを記したプリントを配る方法もある。これだと問題集などの解説では触れていない全ての間違いのパターンを想定できる上、担当の生徒がやりがちなミスやそれまでに共有している知識を前提に作成できるので、より効果的だと言える。

だが、次から次へと消化していく過去問題やドリルのためにそのようなプリントを毎回作成することは教員の負荷が大きすぎ、安易に勧めることはできない。

さらに、クラス全体に対する注意喚起となるような良い間違いを共有できない、という点でも、一斉授業の効果が薄くなってしまう。

現実的には口頭で解答解説をするというのが、最も多い授業形態だろう。すると演習型授業の後半は、講義型（前述）や応答型（後述）になることが想定される。

解答用紙を回収してそこにアドバイスを書き込むという方法については、前述したように、アドバイスの質と量、そしてすぐに返却することが大事なポイントになる。アドバイスの質の高さと復習までの時間の短さは、どちらも生徒の成長と比例関係にあるからだ。

この回転がうまくいけばいいが、教員にはかなりの負担がかかる。

私は、授業で大量の文章を書かせるので、必然的に回収、チェック、返却というローテーションが増える。最も多かったときで、一人当たり年間10作品を書かせた。240名を担当していたので、全部で2400作品。一作品に対して、読んでアドバイスを書き込むのに10分程度かかる。すると2万4000分、実に400時間を費やすことになる。労働基準法に則った労働時間から逆算すると、その2割は論文のチェックだけに使ったことになる。

これだけ時間をかけても、全ての生徒の文章力を一角《ひとかど》のレベルにまで向上させるのは、至難の業である。ただし、ここまでやれば、90％以上の生徒は大学でのレポートや就職活動などで困ることはない。

しかし、この労働量の多さと論文チェックという指導の困難さを嫌い、何名もの国語教員が逃げ出した。そのたびに湧き上がるのは、〝俺が担当ならもっと伸ばせるのに〟という憤りに似た申し訳なさだった。

5－3　応答型

応答型は、いわゆる〝授業〟である。教員が発問や説明をし、生徒が意見や解答を言う。黒板にその意見や解答を書き出し、最も妥当な分析や見解に収斂《しゅうれん》していく、という形式の授業である。

実はこの授業形態が、技術的には最も難しい。

なぜかと言えば、予見可能性が低いからである。生徒が想定外の意見や解答を言う可能性があり、さらにそこから発展した意見や感想を述べる生徒も出てくる。教員は、それらの想定外の意見についても、その場で集約し、間違いを指摘したり別の観点や根拠を提示したりしなくてはならない。このときに適切な対応をするのが非常に難しいのだ。

これを可能にするには、深い教材研究と膨大な教養、常識が不可欠である。新人や未熟練教員にはこれらが決定的に足りない。だから、多くの場合で生徒が集中力を失い、それがクラス全体に伝播していき、閾値《いきち》を超えると教室が荒れるのだ。

しかし、大多数の教員が持つ〝いい授業のイメージ〟は応答型なので、いきなりそこに挑戦しようとする。私に言わせれば、この選択は間違いである。

お笑い芸人に喩えれば、フリートークではなく、事前準備ができる漫才のネタを先に作り練習を重ねるべきである。つまり、前述の講義型や演習型を厚めにした授業計画を立てれば、授業が崩壊する可能性を下げられるのだ。

まずは分相応の実践を行い、徐々に応答部分を増やしていくのが賢明ではなかろうか。

５−４　研究型

研究型とは、小学校、中学校の現場では〝調べ学習〟や〝自由研究〟、高等学校では〝探究〟や〝研究〟と呼ばれる形態の授業である。

これは授業運営としては着手しやすい。

児童・生徒が取り上げる内容が多岐にわたる点、その内容が学問的により深い部分まで到達していく点では、前述の講義型や演習型よりも複雑さを伴う。だが、研究活動を行う目的の説明と開始の指示さえあれば授業は流れていくし、課題の面白みに引っ張られていくので生徒の満足度も高くなる。後は、危険がないかなどの確認を含めた、丁寧な机間指導があればいい。

この研究型で難しいのは、評価である。研究の成果を○×で判定したり点数化したりすることはできず、前述したルーブリックがないと客観性や公平性を担保できないからだ。

ただ、この評価段階での即時対応力は必要なく、先輩教員や同僚教員と相談をしながら評価基準を作成することができるので、そういう意味では困難さは薄れる。

注意したいのは、ネット検索を利用した調査だろう。ネットで検索しただけの情報をそのまま誰かに伝えるというような研究もどきや剽窃《ひょうせつ》行為、知人が作成したものを流用する不正行為を決して許してはならない。そういうことがどれほど卑劣で無意味な行為なのかを、きちんと指導することが求められる。

5-5 体験型

実技科目は、ほぼ全てこの体験型に該当する。その他、国語科の百人一首や書道・習字、英語科の会話練習やシャドーイング、理科の実験・観察、社会科見学なども体験型に含まれる。児童・生徒の年齢が若かったり、学力が低かったりする場合だけでなく、理解を深めるために体験型授業は欠かせない。

研究型と異なるのは、体験型で行う活動の全てが、教員側の想定内にあるという点だ。演習型の活動版とイメージしてもらう方がその本質に近い。

体験型の注意点は2つある。

一つは児童・生徒の健康や安全に留意することである。もちろん教室内でも生徒の健康には注意を払うが、活動がメインのときはその何倍も気を使うべきだ。

以前、校外研修としてオリエンテーリングを企画したときのことである。下見担当の教員は、入り口だけを見て〝安全〟と判断し「特に問題はありませんでした」と報告した。ところが、実際に生徒とともに訪れてみると、携帯電話は電波が届かず使えない、足元は濡れていて滑りやすい、日陰の気温が日向と大きく違い防寒着が必要という場所だった。幸い、怪我をする者も体調を崩す者もいなかったので事なきを得たが、無自覚な教員の恐ろしさを実感した経験だった。

もう一つは活動主義に陥らないことだ。

単に児童・生徒が楽しんで活動するだけの体験・実技系授業は数多い。担当教員はよかれと思って作り込み、何ら反省することもなく、また新たな活動を考える。生徒にとっては楽しい時間だから、その教員の人気は高まる。

そういう状況を目《ま》の当たりにしたとき、教育の本質的な意味をわかっている教師は、苦々しい思いを押し殺しながら、「人気取りの授業をしていてはダメだ」と指摘する。すると、活動主義の教員は、自分が一生懸命作り上げた授業、ひいては自分の情熱を否定されたとして指摘した教師との間に溝を作る。このまま数年を経ると、意固地で変化できない教員が完成する。

　何のための体験・活動なのかを精査し、活動が終わった後に振り返りを行い、次の段階や別の分野に応用していくことを考えなければ、教育機関の使命を果たしたとは言えまい。毎回の体験・活動の効果を最大化し、生徒に有意義な時間を過ごさせることが求められるのだ。

第6章　教員が技術を身に付ける順序

相対的剥奪指標方式

　未熟練教員が、効果的に教育技術、授業技術を身に付けていくには、それをどういう順番で習得していくかの明確なロードマップが必要だ。そうでないと、未熟練教員に対する指導は経験主義に陥りやすくなり、うまくいかないことが多くなる。

　そこで、相対的剥奪指標方式というものを用いて、ロードマップのプロトタイプを作成してみたい。この相対的剥奪指標方式とは、英国の社会保障制度において、保障の対象とする項目や内容を決める際に用いられたものである。項目の選択自体を社会に問うという、合理性の高い方法だ。(＊1)

　この方法を用いて、授業技術の習得順について分析しようとした理由は、様々な社会調査方法の中で最も妥当性が高い結果を導けると考えたからである。選択肢型のアンケート調査では、その選択肢に限定された回答しか得られないし、自由記述方式やインタビュー方式では、自己の体験や実践より有効なものや普遍性の高いものに到達し難いためだ。

相対的剥奪指標方式では、国民から調査対象者を無作為抽出（Randomized Controlled Trial：以下、ＲＣＴ）し、彼らに、社会で最低限の生活を送るために何がどのくらい必要かを問う。さらに、その内容を彼らが話し合って事細かに決めていく。

具体的には、４人家族で一カ月に食べる米の量は10キログラムほどで、値段は３５００円くらいだろうとか、洗剤は一カ月に３００円分くらい使用するといったことである。英国では、この調査を2回繰り返し、「最低限必要とされる生活水準」を適正化したという。[*2]

つまり、「全ての人にあてはまる『最低限必要とされる生活水準』が社会的に合意されている」[*3]というのが、この方法の利点なのだ。

今回私は、この方式を参考に、教員に必要な技術とその効果的な習得順をあぶり出すことにした。具体的には、私の在籍する研修会に参加している現職教員（参加者７名・実施日２０１４年１月11日・教育歴３〜10年）を対象に調査を行った。

この調査に関して、まず純粋なＲＣＴの形を採れず、科学性を正確に担保できないものになってしまったことをお詫びしたい。生活に最低限必要なものを知っているのは生活者であるのと同様に、授業に最低限必要な技術を知っているのは教員経験者しかおらず、その上授業の基礎的技術について網羅的に知る者は少なく、被験者数が一桁台に留まることになってしまった。こういう状況のため、ＲＣＴの形で被験者を集めることができなかったのだとご理解いただければ幸いである。

さて、調査は次のように進めていった。

まず、現職教員7名に対して一般的な授業形態を5つ提示し、それぞれの授業形態を成立させるのに必要だと、彼らが考える技術を抽出した。次に、ディスカッションを通じてその技術の中での優先順位付けを行った。

なお、技術の優先順位付けについては、必要最低限のものという観点から、上位2位までのものを取り上げた。

“指示”の重要性

では、その結果を見ていこう。

提示した授業形態は、前章で解説した①講義型、②演習型、③応答型、④研究型、⑤体験

表1　授業形態と最低限必要な技術一覧

授業形態	技　　術
1．講義型	ADEGH
2．演習型	ABFO
3．応答型	ABCHEJKLMNOG
4．研究型	BMNO
5．体験型	BDEGOKF

（筆者が現職教員の議論結果を基に作成）

表2　授業技術と記号相関表

授業形態	A解説、B指示、C再構成、D表情、Eジェスチャー、F机間指導、G評価、H板書、I発問、J褒め、K叱り、L焚き付け、M応答・切り返し、N生徒の考えを要約・整理、O生徒心理理解、P指名

表3　授業形態と必要性の高い技術上位2位の相関表

授業形態	上位2位の技術
1．講義型	A（解説）、H（板書）
2．演習型	B（指示）、F（机間指導）
3．応答型	M（応答・切り返し）、I（発問）
4．研究型	B（指示）、M&N（応答・切り返し&生徒の考えを要約・整理）
5．体験型	B（指示）、F（机間指導）

（筆者が現職教員の議論結果を基に作成）

型の5つである。それぞれの授業形態に対して参加者が必要とした技術は、表1の通りとなった。なお、作表の都合上、各技術は記号化して示している（表2）。

続いて、抽出された技術の中でも、特に必要な上位2つをそれぞれ話し合って決定してもらった。その結果が表3である。

結局、新人・未熟練教員が授業を成立させるために早くから着手すべき技術として、B〝指示〟が浮かび上がった。次点は、F〝机間指導〟となった。なお、この〝机間指導〟は「生徒心理理解」

と「危険察知」を一緒に行えるということで選択した教員が多かった。

次に汎用性の観点から授業技術を捉えてみた。

汎用性とは、様々な授業形態で共通して必要とされる技術を意味する。表1で挙がった技術の中で、最も多くの授業形態で見られたものを一覧にまとめた（表4）。

表4　汎用性の高い技術一覧

汎用性の高い授業技術	得票と割合
指示	4ポイント（8割）
生徒心理理解	4ポイント（8割）
解説	3ポイント（6割）
評価	3ポイント（6割）

（筆者が現職教員の議論結果を基に作成）

以上のように、汎用性でも〝指示〟の技術が重要視されている。前述したようにこの結果は、向山洋一が全国から多くの〝指示〟を集めて共有したことで、多くの現場教員の救いとなったことにも合致する。

つまり、教科書や市販の問題集、文部科学省や先輩教員が設定した課題があるのだから、適切な〝指示〟さえあれば生徒は動いてくれ、一定の授業が成立するのである。賢くて面倒見の良い生徒が、出遅れた子をフォローしてくれることすらある。

逆に、この〝指示〟がわからないと、教室内が冷える。賢い子も発言力の強い生徒も何をしていいのかわからず途方に暮れてしまう。この冷えが続くとクラスは荒れる。

なぜ学校と予備校で差がつくのか?

さて、このように授業の起点とも言える〝指示〟技術だが、その習得は難しくない。授業内容や活動内容が毎年同じか、かなりの部分で共通している学校教育現場では、他の教員から指示の文言をもらうこともできる。

だから、良い指示文言を継承するシステムや、共有できる文化があれば、学校と塾・予備校で、授業中の〝指示〟で大差が出るとは考え難い。

しかし、生徒が学習面で学校から離れていく勢いは止まらない。

なぜだろうか?

その理由は3つ考えられる。

1つ目は、多くの学校には、指示文言に限らず、良い技術を共有化するシステムや文化がないからである。教員それぞれが多忙な日々を過ごし、情報・技術の共有をする時間がない。前述したように、特に中学・高校では、部活動の指導と教科間の障壁に阻まれ、より難しい状況にある。

2つ目は、塾や予備校などの外部教育機関は、〝指示〟以外の部分でも高い指導力を持っているからである。中学受験のための予備校などは、その典型である。また中学生・高校生向けの予備校でも同じ構図が見受けられる。

だが、この点については、やり方次第で十分に学校にも取り入れられる。

実際に、私が難関理系大学向け受験クラスを担当したとき、私が担当する国語について塾や予備校に通う生徒は実質ゼロだった。「実質」というのは、夏期講習だけ参加した、という生徒が一人いたからだ。その生徒は「……親に言われて仕方なく」と言っていた。

生徒たちがどれくらいの効果を感じていたか数字を示したい。

高校３年生の４月段階で、彼らがセンター試験の過去問を解いたときの点数は、クラス平均１２０点前後（２００点満点）だった。私は、授業以外で国語の学習をすることを基本的に禁じた。譲歩して、一週間で最大１時間の復習をすることだけは許可した。その限られた学習時間の中で最大の効果を発揮すべく、過去問に正面から向き合わせた。彼らはこのやり方を信じてくれ、11月下旬頃から、クラス平均は常時１６０点を獲得できるレベルに達した。無論、初見である別年度の過去問を解いた結果である。これには生徒自身が驚いていた。彼らには、塾や予備校に行きたいという発想すら生まれなかった。

ちなみに数学については、そのクラス33名のうち30名が学外の教育機関で学んでいた。

重要なのは、効果を感じられる指導力に他ならない。つまり、効果を感じられる授業が学校にあれば、塾や予備校へ通う必要などないのである。

3つ目は、学校という教育現場が持つ根源的な要素〝プロフェッショナリズムの欠如〟である。

それは次のような事例に、端的に表れている。

「あの先生のせいで、英語が嫌いになりました。女子にモテたいオーラがバンバン出ていて気持ち悪いったらないんです。それでいて、私のことなんか何も見てないのに『お前は馬鹿だからしょうがねえなぁ』みたいなことを、みんなの前で言って笑いをとろうとしたんです。人気のあった先生なんで、みんなもいい雰囲気だって感じて笑っていて……。それまで英語は好きだったんですけど、あれ以来やる気がなくなっちゃって」

これは私の教え子が卒業後に語った言葉である。

どれほど辛かっただろうか。どれほど悔しかっただろうか。どれほど恥ずかしかっただろうか。自分が彼女の立場だったら、と思うだけで怒りと恐怖に包まれる。

それは、生徒の心理を理解しようともしない姿勢が許せないからであり、彼女らの未来を考えることもせず教員が自己の存在価値を高めることに執着しているからである。

このような事例は氷山の一角で、教室で暴君として振る舞う教員は数多い。今日そんなことが露呈すれば、即ネットに流出し、当該教員は処分されそうなものだが、現実はそれほど厳しくない。管理職や主任級の教員の耳に入っても、軽く「気をつけろよ」くらいの注意で済むのが通例だ。

一方、塾・予備校は評判や信頼が生命線なので、このような教員は絶対に許さない。親などからクレームの電話が入ると、すぐに室長や主任からその教員への指導が入るというのが一般的だろう。

こんなことが重なれば、その教員は翌年度の授業コマをもらうことができず、経済的に打撃を受ける。だから、逸脱した行為は自然淘汰されていく。

そもそも、指導者が生徒心理を理解した意味ある授業を提供しなければ、生徒の心は離れていき、退会・退塾に繋がってしまう。

学校教員にはこのような厳しさはない。国公立であれば、給料は税金から支給されるし、私立であっても、生徒心理を理解した上で教育活動を行うという、数値化できない部分に労力を割こうとする気概のある人間は少ない。

それは、数値化できない部分に自分の時間とエネルギーを割いたところで、管理職には理解されず、自己の評価にも繋がらないからだ。

もちろん、自己の評価云々と言っている時点で指導者失格である。教師としての職業倫理を持ち出すまでもなく、教員業務において最も肝要なことは生徒の成長に寄与することであり、その達成のためには、多くの場合、〝生徒心理理解〟が必要だからだ。

〝生徒心理理解〟の重要性

先ほどの表1、表3を見ていただきたい。講義型授業では生徒心理を十分に把握していなくても、形の上では授業を成立させることができる。そのため、必要な技術として〝生徒心理理解〟が上がってこなかった。

実際、近年隆盛している映像授業が成立するのも、講義型＋演習型の授業であるからに他ならない。見方を変えれば、受験などの情報を一方的に伝達するだけであれば、生徒心理を理解しなくても可能だということだろう。

しかしながら、小学校では２０１１年から、中学では２０１２年から、高校では２０１３年から実施されている現行の指導要領では、「生きる力」を育むことが求められ、知識や技能の習得だけでなく、思考力・判断力・表現力の育成が重視されている。

他にも、中央教育審議会が「学士力」と銘打ち、「自立した市民や職業人として必要な能力」として、「知識・理解」の他にコミュニケーションスキルや論理的思考力、問題解決力や市民としての社会的責任などの習得を求めている。同様の内容は、２００６年に提唱され始めた経済産業省の「社会人基礎力」などでも見られる。

さらに海外でも、ＯＥＣＤが「国際成人力調査」（ＰＩＡＡＣ＝Programme for the International Assessment of Adult Competencies）(＊4)や「高等教育における学習成果の評価」（ＡＨＥＬＯ＝Assessment of Higher Education Learning Outcomes）(＊5)を開始。また、インテル社やマイクロソフト社と教育学者らが、21世紀スキルとして「21世紀型スキル効果測定プロジェクト」（ＡＴＣ21ｓ＝Assessment & Teaching of 21st Century Skills）(＊6)という指標を策定、運用が開始されている。

これに似たものは私の知る限り、英国、米国、豪州でも見られる。

これらの能力はいずれも、思考力かコミュニケーション力、あるいはそのどちらをも含んだ概念である。これらの能力を生徒に習得させせようとするなら、講義型・演習型授業より、応答型・研究型授業の方が効果的だろう。つまり、これからの教員は応答型・研究型授業を実践できなくてはならない。ならば、それらの型で重要素となる〝生徒心理理解〟を磨かなくてはならないことは自明である。

未習得、あるいは苦手な技術を使わない授業設定

このように〝生徒心理理解〟は、重要かつ必要な技術ではあるが、実は習得に時間がかかるレベルの高い技術でもある。

先ほどの技術の中では、〝評価〟も同様にレベルが高い。

だとするならば、未熟練教員は、努力が結果に結びつきやすい〝指示〟と〝説明〟の力を真っ先に向上させるべきだろう。

これに〝板書〟と〝机間指導〟の技術を加えれば、講義型授業、演習型授業、体験型授業はどうにか成立させられる。最低限、生徒からクレームの出ないレベルには到達できると言い換えてもよい。その一方で、〝生徒心理理解〟〝評価（特に授業中）〟〝応答・切り返し〟は、それらの技術が給料をもらえるレベルに達した後、本腰を入れて取り組むのが得策と言えるだろう。

言い換えれば、まだ習得していない技術や苦手な技術を使わない、あるいは使用頻度を減らした授業設定をすればいいということでもある。

教員は、教育の目的達成のためにいかなるルートを通ってもいい。これを教育界では〝羅

生門（的）アプローチ〃と呼ぶ。結果到達が担保されていれば、方法は厳しく問わないという考え方である。つまり、生徒が学習内容を習得できるのであれば、講義型だろうが演習型だろうが体験型だろうが構わないのである。

この前提に則れば、自分がうまくできない〃応答・切り返し〃や〃生徒心理理解〃の使用頻度を減らした授業設定をすればいいのである。それで、ある程度生徒のポジティブな評価を確保しつつ、苦手な技術の練習を陰で重ねていくというのが常道ではなかろうか。

新人教員が、いきなり下手糞な〃応答〃や的外れな〃心理理解〃をしている状況に遭遇すると、私は、４回戦ボクサーがノーガードでカウンターパンチを狙っているようなイメージを持つ。これは自殺行為に他ならない。格好つける前に負けない闘い方で次に繋げていくことが、プロフェッショナルとして長く生き続けられる秘訣ではなかろうか。

＊１　Joanna Mack, Stewart Lansley and Brian Gosschalk が監修した「The Breadline Britain 1983」調査による。

＊２　http://www.poverty.ac.uk/free-resources/poor-britain（２０１４年8月17日閲覧）

＊３　阿部彩「補論『最低限の生活水準』に関する社会的評価」『季刊社会保障研究第39巻第４号』国立社会保障・人口問題研究所、２００４年、pp.403-414。

＊4　現在、日本を含む26カ国が参加している。対象は16歳以上65歳以下の男女。我が国では２０１１年に第一回の調査が実施された。２０１３年10月、その結果が公表され、日本は世界一位を獲得した。「ＯＥＣＤ国際成人力調査ＰＩＡＡＧ」http://www.nier.go.jp　国立教育政策研究所ＨＰ（２０１５年１月５日閲覧）

＊5　大学生教育が学習者のキャリア形成に役立っているか、学習者が異なる国の高等教育機関に移った際に役立つか、学習者が職業に必要なスキルを持っているか、を問い直す契機になることを目指している。日本は２００９年に参加を決定。具体的な技能分野は、次の通り。①一般的技能（generic skills strand）、②分野別技能：工学的及び経済学（Discipline-specific Strand in Engineering and Economics）

＊6　http://atc21s.org/（２０１３年４月16日閲覧）これはCisco、Intel、Microsoftといった大企業とUniversity of Melbourneが中心となり２５０名以上の研究者・実践家などがＩＣＴ時代の学びを提示しようと作り上げた団体である。２００９年１月から始動。

第7章　身に付けてほしい3つの力

〝補習〟教室の失敗

教育は100年の計である、とよく言われる。子どもを通じて、未来や次の時代を創っているということがその根拠だろう。

〝今〟という時間が〝未来〟の基盤になることはわかる。だが、現場で教員業務に勤しんでいるとその感覚が曖昧になり、自分が〝今〟何をしているのかわからなくなる。1年後の未来すら考えずに日々を過ごし、まるで雑務処理ばかりをしているような錯覚に陥ることもある。

だが、それならまだいい方で、時として、生徒や社会の未来にとってマイナスになるのではないか、ということをしてしまったり、確実に生徒の未来にとってマイナスの効果しかないことをしてしまったりもする。それが判明するのは、もちろん時間が経過してからだ。そんなとき、私は自己の存在理由を見失う。

具体的に私の大失敗を書こう。大罪と言ってもいいほどの失敗である。

学力の低い生徒や全体学習に困難さを抱く生徒を相手に行われる〝補習〟（教育界では補充学習という言い方も一般的だが、本書ではわかりやすく「補習」とする）をご存じだろう。社会科と国語科はその需要が少ないのだが、私も今までに何度か〝補習〟を受け持った。そのときの私は、良かれと思って〝補習〟を行っていた。単純に、生徒に少しでも知識や能力が身に付くといいな、と思っていたのだ。だから、その〝補習〟における説明は、通常の授業に勝るとも劣らない丁寧さで行っていた。

また、〝補習〟中に大切なことに気付くこともある。「ああ、この部分の説明が粗かったんだな」とか「ここは別の例を出した方がすっきりするな」といったことだ。それは自分の反省材料として有効だし、その世代の生徒のみならず未来の生徒の利益にも繋がる。

しかし、そのプラス面を大きくひっくり返す出来事が私を無力化した。10年近く前のことだ。

同僚の国語教員に指導を受けていた女子生徒が、補習教室で「授業なんか聞けへん。意味ないもん。だから、授業はいつも寝てんねん。ここでジュンジに聞いた方がわかりやすいし、時間の無駄がないからな」と微笑《ほほえ》んだのだ。

私は良かれと思って〝補習〟をしながら、その実、本丸である〝授業〟を、しかも〝他人の授業〟を否定していたのである。そして、それ以上の失敗として、生徒に依存心を芽生えさせてもいた。完全なる反教育的行為である。

これに気付いた瞬間の申し訳なさと居心地の悪さは、今でも私の脳にべったりと貼り付いたまま、一向に消えてはくれない。

これ以降、私は〝補習〟から足を洗った。管理職がどんなに眉をひそめようとも与《くみ》しないと決めたのだ。その代わりに、適切な課題や課題図書を提示することにした。アドバイスをするにしても、最小限に留めようと意識している。

ちなみに文部科学省は「平成25年度　学力テスト分析」において、土曜日や長期休業中の〝補習〟に関する効果について、毎週土曜日に〝補習〟を行った学校の正答率（国語）66・2％に対し、行っていない学校の正答率（同）は63％であり、統計的有意差がなかったと報告している。(＊1)また、盛永俊弘長岡京市立長岡中学校校長は、平成26年の日本カリキュラム学会で、自身の調査結果において〝補習〟の効果は薄かったと報告している。

つまり〝補習〟という教育実践に、特筆すべき効果を期待するのは間違っていると言えよう。

このように、無自覚で不勉強な善意が裏目に出てしまうことがないか恐れ、自己の発言を振り返る日々である。良かれと思ってしたことが逆の結果を生むほど怖いことはないからだ。

そして、未来にどういう変化が起こるのか見通しにくい中で、自分の大事な教え子を社会に旅立たせるに当たり、どのような力や知識、技能が必要かを毎日のように考えている。

現時点で私が出している答えは、これから述べる3つである。

なお、この3つの力は、生徒に身に付けてもらいたいものであると同時に、教員も身に付けるべきものだと私は考えている。

①精神的タフネスさ

これは、前述したストレス耐性と、チャンス面におけるタフネスさ、社会変化に動じないタフネスさを合わせた概念である。

真面目というのは大変素晴らしい性格だが、タフネスさを持たない真面目さは自己に刃を向ける誘因となってしまう。敢えて「精神的強さ」としなかったのは、変化に対応できるしなやかさが求められると考えたためである。

「最近の若者は精神的にひ弱だ」と言う気は、私にはない。ポスト・ベビーブーマーである私の世代も平均的には相当にひ弱だっただろうし、そう評されもした。だがそれは、バブルを謳歌した世代も団塊世代も同じだろう。

一方で、少数ではあるが、現在のティーンエイジャーにも精神的タフネスさを持っている人間はいる。だから「タフネスさ」は世代や時代の問題ではないと言える。

私の教え子で、部活動のキャプテンをしていた生徒の話をしよう。

彼女は、不登校の兄弟と精神障害を患う父親の相談相手になりながら、家事全般を担っていた。そのしんどさに理解を示さない母親との葛藤もあった。彼女はその辛さをおくびにも出さず希望の進路を確保し、学校行事でも手を抜かなかった。そして何より、学校では終始笑顔で過ごしていた。

卒業前のある日、私は彼女の親友に呼び出された。

「先生に○○さんの話を聞いていただきたいんです」

私には全く思い当たる節がなかったので驚いた。担任でも部活動の顧問でもなかったし、彼女が何らかの問題を抱えているなど想像すらしていなかったからだ。

親友に付き添われてきた彼女は、丁寧な口調でそれまでの状況と、何度も崩れそうになったことを吐露し、これからどう生きたらいいのかを私に問うて涙した。

彼女は高校生という立場でありながら、家族・友人・後輩といった人々に気配りをし、自分がやるべきことを正確に認識し、愚痴や泣き言の一つもこぼすことなく、その任務を果たす強靭さがあった。我が教え子にして、尊敬に値する存在である。

こんな精神的タフネスさを持った現代っ子も存在するのである。

余談だが、彼女の頑張りは数年後に見事に結実した。彼女を苦しめた個々の問題は解消され、彼女自身も希望の就職先で彼女らしく働いている。これからあの子に降りかかる人生の困難がどれほど大きかろうと、彼女はそのタフネスさで乗り越えていってくれると私は信じて疑わない。

このような生徒を育て導こうとするならば、こちらもタフでなければならないことは自明だろう。最低限、この力を持とうと努力すべきであるということは、はっきりと言い切れる。

②積極的行動力と、それに連関する思考力

思考力や行動力が重要であることは、昔から言われているし、誰でも知っていることだろう。ただ、両者が別物であるような捉え方には疑問を感じ続けてきた。考えて動き、動いて考える、そしてまた動くといったような連関がなければ、人は大きく成長できないし、社会の荒波に呑み込まれるだけになってしまう。

ノーベル文学賞受賞者であり、アインシュタインと反核宣言を出すなど幅広く知的活動を続けた20世紀の哲人、バートランド・ラッセルは、自らが数学に没頭することで青春期の陰鬱感から逃れられたことを例示しつつ、次のように幸福論を説いている。

曰く「どっぷり自己に没頭している不幸な人びとにとっては、外的な訓練こそ幸福に至る唯一の道なのだ（＊２）」と。また「おのれの能力を最も完全に発揮するときに最大の幸福が訪れる」と対外性を重んじ、苦痛から救われるための自己「陶酔を必要とするような幸福は、いんちきで不満足なものだ（＊３）」と喝破している。

このようにラッセルは、自己以外のモノに意識を向けることと、行動することを評価している。

これは慧眼《けいがん》だと思う。どんな理由を述べようと行動しないのは、他者よりも自己を優先した思考だと指摘したい。

行動できなかった教員

一つの事例を挙げよう。私の後輩教員についてである。学校の枠から外れ、宮城県石巻市にボランティア活動をしに行ったときのことだ。大学生になっていた教え子8名と、同僚教員10名に私を加えた計19名のボランティアチームだった。

2012年3月11日、石巻市で行われた合同慰霊祭の運営・雑務をしながら被災者の方々と話をするという活動内容だったが、その現場で全く役に立たなかった人間がいた。私の後輩教員3名だった。

他のメンバーが被災者の方々に声を掛け、必要な雑務を黙々とこなしている横で、3名並んだまま、呆然と立ち尽くしてしまったのだ。

動けなかった1人は「何をどこまで話していいのか、被災者の方々のどこまで踏み込んでいいのか、全然わからなかったんです」と振り返る。

彼らからすれば、善意の自主規制だったのだろう。

しかし、同じくボランティア初参加の大学生が適切な行動をしようと考え、実際に動いている姿が目に入る状況で、その言葉はただの言い訳に過ぎない。

彼らの心理を細かく読み解けば、先に動けない自分が存在していて、それを正当化するために思考を巡らしたと言えるだろう。ラッセルの言葉を借りれば「自己没頭」に過ぎない。

彼らの思考と行動の連関はみすぼらしいものだったと思う。そんな人間に生徒を指導してもらいたくはない。私が学生時代に教員に対して感じていた不満の一端は、このような不誠実さにあったと今ではわかる。

たとえ失敗するかもしれないと恐怖しても、一歩踏み出す力を持った教員であってほしい。その失敗を避けるために徹底的に考える人間であってほしい。失敗したのなら全力で取り戻す人間であってほしい。逃げるため、あるいは自己正当化のために思考する存在であってほしくはない。

そう思うからこそ、このとき私は彼らに容赦しなかった。

「お前ら、何しに来たんだ?」

そんな言葉で問いかけた。一切妥協しないと心に決めながら。

自己の至らなさを強烈に認識した彼ら3名は、あの3月11日以降、自己改善に取り組み、今では生徒から「先生のような教師になりたい」と言わせるまでの思考と行動ができるようになっている。

人間力を高める機会の少なさ

これらの経験から抽出できたことがある。

それは、教員になる人間の多くは、教職に就くまでも就いてからも、人間性や人間力を高める機会に乏しいということだ。それまで、学校や親の用意した枠の中で与えられた課題を上手にこなしてきた。誰かに叱られないこと、その枠の中で結果を出すことに邁進してきた人生なのだ。

先の事例について、10名中3名だけじゃないかと言われるかもしれない。しかし、それは木を見て森を見ない議論だと反論したい。なぜなら片道12時間かけてボランティアに参加しようという教員を分母としたときの3割と捉えるべきだからだ。

あの被災地の空気や被災者の方々との交流以上に、人間性を高めることができ、自己の力を客観的に把握して伸ばすことができ、思考を深められる場所が存在するとは考え難い。そもそも現場を訪れようとしない教員が、現場を訪れた教員よりも高い人間力を持っているとは想像し難いとは、言い過ぎだろうか。

今の職場には、私が敬愛する先輩教師が2名いる。彼らは、被災地に向かおうとする我々に次のように接してくれた。

１人は「若いうちにああいう場所にドンドン行ったらええんや。こっちはわしらおっさんが守ったらええ」と、若い教員が人間的に成長をすることの重要性を理解し、激励してくださった。もう１人は「僕たちみたいな老体が行って迷惑をかけても申し訳ないから、これを使って」と活動資金と微笑みをくださった。

どちらもとても心強く、胸が熱くなる経験だった。

これ以上できないというほど考え、行動すれば同志と出会える。同志がいれば、機会が生まれる。そして考え、行動すること自体が経験となり成長のこやしとなるのだ。

③自己認識と他者認識

多くの教え子や後輩教員が、自分は「一人きり」で生きていると感じている。誠実に自己の存在理由を考えている者ほど、その傾向が強いようにも思う。「一人きり」とは、物理的あるいは客観的な意味での一人ではなく、〝信頼できる他者がいない〟という精神的な意味での「一人」である。

でも彼らは、心の中では〝仲間〟を希求している。それでいて、傷つきたくもなければ汚れたくもない。このアンビバレントな心理状態をひた隠しにしながら、どうにか社会との辻褄合わせをしているというのが、彼らの心理模様なのである。

この状況は苦しい。だからこそ、本当に信頼できる仲間を作るための、あるいはコミュニケーションを円滑にするための自己認識と他者認識が肝要ではないかと思う。

具体的には、自分と他者の目的や欲求が、どのような性質を持っているのか、あるいはどういう段階にあるのかを認識することである。

まず自分が何を欲しているのかをきちんと理解する。この部分をゆるがせにして自己を認識することなどできない。

人間の欲求に関する研究で代表的なものと言えば、マズローの欲求階層説だろう。

彼は、人間の欲求を、①生理的欲求、②安全欲求、③社会的（所属）欲求、④自我欲求、⑤自己実現という5段階で捉えた。①生理的欲求が最下層で、⑤自己実現が最上層になる。人間の欲求は下から順に満たされていき、下位階層が満たされることで初めて、上位階層へと欲求が変化していくという。

この欲求階層説に従って議論を進めよう。

まず、自分の欲求が5つの階層中、どこに位置しているのかを認識することが、自己の一段深い理解に繋がるだろう。そして、自分が対面している相手が、どの階層の欲求を抱いているのかもわかれば、円滑なコミュニケーションが可能になるのではないか。

さらに、自分と他者が置かれた場面や状況の違いを考慮することで、コミュニケーションの精度が上がる。

仮に、自宅では③社会的（所属）欲求が満たされることを望み、母親に認められたいと考えている生徒も、学校では②安全欲求を満たすために高卒資格さえ取得できればよいと考えているかもしれない。この生徒に向かって、学校における⑤自己実現を持ち出し、「学校行事を命懸けでやることがお前の人生に役立つ」と言ったところで、ほぼ無意味だろう。

逆に、学校では部活動に情熱を燃やし、「サッカーは俺の人生です」と④自我欲求を前面に出している生徒が、家庭の経済状態、つまり家族の②安全欲求を無視していることもある。それが親子間で軋轢《あつれき》を生むこともある。

そんなとき私は、互いの欲求レベルの違いを顕在化させ、擦れ違いの生まれている構造を理解してもらうようにしている。それができれば、歩み寄りは容易だ。互いが憎しみや怒りの念を持つ前に、このように手を打つことができればこの上ない。

つまり、自分と相手が、どういう場面でどういう欲求を持っているのかを捉え、その接点を見つけることは、ほぼ同時にコミュニケーションの円滑化に繫がるとまとめることができる。どちらかが過度に相手を憎んでいない限り、この方法はうまくいく。したがって、見方を変えれば、コミュニケーション能力の習得は目標ではないのだ。自分と他者に対する認識後に必然的に生まれる、単なる結果だというのは言葉が過ぎるだろうか。

もし、互いの欲求段階とその文脈を理解していてもコミュニケーションが成立しないのであれば、何か別の、自分でも言語化できない複雑な理由が存在すると見て、まず間違いないだろう。

＊1 「平成25年度全国学力・学習状況調査報告書 クロス集計」（平成25年12月、p.70）より。なお、数学には、毎週〝補習〟を行った38・6％↓行っていない30・1％と有意差が見られるものの、「前年度までに、資料を使って発表できるよう指導しましたか」という問いでも、よく行った35・4％↓あまり行っていない＋全く行っていない27・3％と差異が見られるなど、〝補習〟授業だけの効果として取り上げるのは危険だと言わざるを得ないだろう。

＊2 バートランド・ラッセル『幸福論』岩波文庫、１９９１年、pp.15-17。

＊3 同前 pp.119-121。

あとがき

ここまで読んで下さった読者の方々に感謝します。

僕の教育観に賛同してくれ、研究を手伝ってくれた後輩教師たちに感謝します。

僕をここまで導いてくださった先輩方に感謝します。

僕の執筆作業に真摯な姿勢で付き合ってくださった光文社の三宅貴久さんに感謝します。

そして誰よりも、僕の授業を受けてくれた全ての生徒たちに感謝します。

本当にありがとうございました。

林純次（はやしじゅんじ）

1975年埼玉県生まれ。京都大学大学院教育学研究科修了。大学卒業後、大手新聞社に記者として入社。事件・事故、医療、政治、教育、高校野球などを担当する。フリーランスジャーナリストに転身した後は、事件や政治の記事を書きながら、カンボジアやパレスチナなどの貧困地帯や紛争地域を取材。一方でサッカー日本代表についても取材執筆を行った。2003年、教育者に転身。2012年度読売教育賞優秀賞（国語教育部門）受賞。現在は関西の中高一貫校で教鞭を握っている。

残念《ざんねん》な教員《きょういん》 学校教育《がっこうきょういく》の失敗学《しっぱいがく》

2015年2月20日初版1刷発行
2015年9月25日　12刷発行

著者 —— 林　純次
発行者 —— 駒井　稔
装幀 —— アラン・チャン
印刷所 —— 萩原印刷
製本所 —— 榎本製本
発行所 —— 株式会社光文社
東京都文京区音羽1-16-6（〒112-8011）
http://www.kobunsha.com/
電話 —— 編集部03(5395)8289 書籍販売部03(5395)8116
業務部03(5395)8125
メール —— sinsyo@kobunsha.com

JCOPY〈(社)出版者著作権管理機構 委託出版物〉
本書の無断複写複製(コピー)は著作権法上での例外を除き禁じられています。本書をコピーされる場合は、そのつど事前に、(社)出版者著作権管理機構(☎ 03-3513-6969、e-mail : info@jcopy.or.jp)の許諾を得てください。

本書の電子化は私的使用に限り、著作権法上認められています。ただし代行業者等の第三者による電子データ化及び電子書籍化は、いかなる場合も認められておりません。

落丁本・乱丁本は業務部へご連絡くだされば、お取替えいたします。
© Junji Hayashi 2015 Printed in Japan ISBN 978-4-334-03844-1

738
宇宙はどうして始まったのか
松原隆彦

「宇宙の始まり」に答えはあるのか。新しい観測的事実が次々と明らかになる中、無からの宇宙創世論、量子論、相対論、素粒子論などを考察しながら、宇宙の謎にスリリングに迫る。

978-4-334-03841-0

739
日本の医療格差は9倍
医師不足の真実
上昌広

日本の医師の数は圧倒的な「西高東低」だ。医学部は西日本に偏在しており、その格差は最大9倍！　気鋭の医師が医療と教育の格差について提言。医学部受験生も必読の書である。

978-4-334-03842-7

740
社会保障が経済を強くする
少子高齢社会の成長戦略
盛山和夫

悪者扱いされる社会保障費は、本当に削減するしか道はないのか。生産性の向上、国民負担の増大が意味するものとは何か。誤った「常識」の原因を、社会学者が明らかにする。

978-4-334-03843-4

741
残念な教員
学校教育の失敗学
林純次

「残念な教員」を量産する学校教育現場の「失敗のしくみ」を踏まえ、過去の教育実践の蓄積と著者自身の取り組みをベースに、未熟練教員と生徒を共に成長させる方法を提示する。

978-4-334-03844-1

742
スマホに満足してますか？
ユーザインタフェースの心理学
増井俊之

知的生産に不向きで、時間潰しのツールになってしまったスマホ。進化が止まり、一向にいつでも／どこでも／誰でも使えるようにならないコンピュータ。第一人者がこの問題に挑む。

978-4-334-03845-8